10대, 놀이를
플레이하다

청소년을 위한 놀이 인문학

10대, 놀이를
플레이하다

발행일 2020년 11월 2일 초판 1쇄 발행

지은이 박현숙

발행인 방득일

편 집 신윤철, 박현주, 정미정, 문지영

디자인 강수경

마케팅 김지훈

발행처 맘에드림

주 소 서울시 도봉구 노해로 379 대성빌딩 902호

전 화 02-2269-0425

팩 스 02-2269-0426

e-mail momdreampub@naver.com

ISBN 979-11-89404-40-6 44300

ISBN 979-11-89404-03-1 44080(세트)

청소년을 위한 놀이 인문학

10대, 놀이를
플레이하다

박현숙 지음

맘에 드림

이런 책을 쓰고 싶었습니다

저는 30년 교사 생활 중에 20여 년을 부적응 교사로 보냈던 것 같
습니다. 무엇을 하면 항상 교장, 교감 선생님에게 야단맞았습니다.
"왜 교사가 아이들과 놀러 다니느냐"에서부터 시작해 "왜 수업 시간
에 하라는 공부는 안 하고, 노래 부르고 그림을 그리느냐", "왜 여름
에 애들하고 학교 운동장에서 위험하게 야영을 하려고 하느냐", "소
풍은 그냥 학년별로 정한 ○○랜드 같은 데 가면 되지, 왜 대학로에
가서 연극을 보려고 하느냐", "사고 나면 어쩌려고 일요일에 애들을
데리고 산에 다니느냐"… 이런 잔소리를 늘 듣고 살았습니다. 그러
다 어느 순간부턴가 저는 '21세기에 어울리는 교사'로 불리며, 대우
가 달라졌습니다. 아마도 '혁신교육'이 시작되면서부터였던 것 같
네요. 과거의 교육은 가고 새로운 교육이 다가오면서, 제가 예전부
터 했던 교육 활동이 사람들에게 인정받기 시작했습니다.

돌이켜 생각해보면 저는 타고난 놀이꾼이었습니다. 초등학교 때는 고무줄놀이의 달인이자 구슬치기의 고수였습니다. 고무줄놀이에서는 키가 작아 줄에 닿기 힘들던 만만세 단계를 제외하고는 최고의 고무줄 기술을 자랑했어요. 구슬치기의 정확도는 신기에 가까웠고요. 중학교 때는 학교 특별활동 시간에 독서반, 축구반, 원예반 같은 것만 있는 상황을 의아하게 여겨, 선생님께 건의해 만든 고무줄놀이 반에서 매주 한 시간씩 아주 재미있게 놀았어요.

입시에 압박받던 고등학교 때도 저는 굴하지 않았습니다. 자습 시간에 선생님 눈을 피해 책을 읽으며 놀고, 학교 옆 딸기밭을 십분 활용해서도 놀았습니다. 저는 선생님 눈을 피해 딸기를 사다 친구들에게 공급하는 것을 즐겼어요. 야간 자율학습으로 지친 친구들은 잘 익은 유월의 딸기를 먹고 싶어 했습니다.

딸기 사는 놀이는 제가 해본 놀이 중 최고라 할 수 있습니다. 먼저 딸기를 먹고 싶어 하는 친구들을 모아, 돈을 걷어 학급 비품 중 으뜸인 주전자에 담은 후 선생님의 눈을 피해 담벼락 가까이에 다가갔습니다. 딸기밭 주인과 접촉해 딸기 값을 흥정하고 주전자를 넘기면, 밭주인은 주전자에 딸기를 담아 다시 제게 건넸지요. 그 딸기를 받을 때의 희열은 이루 말할 수 없었습니다. 교실에 돌아왔을 때, 친구들이 보내는 고마움과 놀라움의 눈빛은 지겨운 야간 자율학습을 이겨내게 하는 힘이 되었어요.

대학에 갔을 때는, 도서관 입구에 있던 책 목록표와 서가의 책들로 새로운 놀이의 경지를 개척했습니다. 목록에 있는 책들을 하나

하나 읽어나갈 때의 성취감, 서가에 꽂힌 책들의 내용과 책의 순서를 다 알게 되었을 때의 기쁨은 이루 말할 수 없을 정도였어요. 누군가 저에게 '이 내용은 어디에서 찾아야 하지?'라고 물어보기를 간절하게 바랐지요. 도서관은 공부하러 가는 장소가 아닌, 책 놀이로 가득 찬 너무나 가고 싶은 곳이었습니다.

그러다 대학을 졸업하고 교사가 되자, 저의 놀이 상대는 담임을 맡은 '우리 반' 아이들과, 수업하러 들어가는 학급 학생들이 되었습니다.

아이들은 참으로 놀라운 존재였습니다. 저보다 더 훌륭한 놀이천재들이었어요. 어떤 상황에서든 재미있는 놀이를 만들어내서 즐기더군요. 책상과 의자와 교탁, 청소함밖에 없는 교실에서 난로의 연기를 빼는 연통 구멍을 발견하자 그것을 농구골대 삼아 폐휴지를 공처럼 뭉쳐 농구를 하는 모습. 어른인 저에게 교실의 연통 구멍은 환경미화를 할 때 막아야 할 음침한 동굴 같은 것이었지만, 재기발랄한 아이들에게는 농구 골대로 활용되었어요. 저는 아이들의 색다른 시선이 놀라웠고, 그런 엉뚱함이 좋았습니다. 교사라면 그런 모습을 보고 "운동은 운동장에서 해야지!"라고 나무라며 실내 정숙을 지도하고, 연통 구멍은 놀이 기구가 아님을 강조해야 할 텐데, 저는 아이들의 반짝이는 창의력이 놀라워서 그럴 수가 없었습니다.

그런 아이들과 어울려 놀며, 사라져가던 저의 창의력을 함께 키워나갈 수 있어 좋았어요. 그래서 학교 가는 게 즐거웠고, 아이들과 놀지 못하는 방학과 휴일이 아쉬웠어요. 그 아쉬움을 달래려고 방학 때는 야영을 했고, 일요일에는 산에 가서 놀았습니다.

지금까지 살아오면서 제 삶이 행복하다고 느꼈던 시점은, 무엇인가를 재미있게 즐기고 있을 때였어요. 그런 순간들을 문득문득 맞이하다가, 아예 그렇게 살기로 했습니다. 즐기면서, 재미있게.

그리고 아이들에게도 그렇게 살라고 말하고 싶었습니다. 교사로서 아이들을 만나다 보면 "그렇게 공부할 거라면 차라리 노는 게 낫다"라고 말해주고 싶던 아이들이 있었거든요. 하지만 그런 말은 차마 하지 못했습니다. 점수에 벌벌 떨면서, 극도의 스트레스로 시험 때 손이 떨려 답지에 색도 칠하지 못하는 아이들을 보면서 가슴이 찢어질 듯 아팠습니다. 그렇게까지 하지 않아도, 조금만 여유를 가지고 세상을 살게 하면 이 아이들은 살아갈 길을 스스로 만들어갈 수 있을 텐데, 하는 안타까움이 일었고요.

저는 교사이면서도 제 아이에게 자습서나 문제집을 따로 사주지 않았고, 공부하라고 닦달하지 않았고, 고3이 된 해의 2월 한 달 동안 남미 여행에 데려갔습니다. 이런 것들은 제 생각이나 경험과 무관하지 않습니다.

그래서 제 아이가 소위 말하는 성공하는 삶을 살고 있는지 묻는다면, 그렇다고는 말할 수 없겠네요. 그렇지만 저는 아이에게 제가 가장 걱정하는 것을 종종 물어봅니다. "너 지금 행복하니?"라고요. 그럴 때마다 아이는 망설임 없이 "나 행복해. 지금 하는 일도 재미있어. 그치만 하다가 재미없으면 그만두고, 다른 일을 찾을 거야."라고 말합니다. 저는 이런 대답이 좋아요. 그렇다고 해서 제 아이가 어떤 일을 찔끔찔끔하다가 인내심 없이 금방 그만두고 다른 일로 도망치는 사람은 아니라는 믿음도 있고요. 이 아이는 지금 당장 닥친 어려움 정도는 자신의 통제 속에서 해결하고, 조금 멀리 계획하면서 다가올 만족감을 그리며 행복한 상태를 유지하고 있을 거라고 짐작합니다. 그런 정신력과 지구력은 어린 시절의 듬뿍 사랑받던 기억들, 외로움을 참으며 충분히 음미한 혼자만의 고민들, 친구들과 신나게 놀던 추억들, 아무것도 하지 않고 뒹굴뒹굴하며 지낸 시간들 속에서 만들어졌을 것이라고 생각해요.

저도 지금 행복합니다. 철학자 들뢰즈의 말을 빌리자면, 매일 매일이 같은 날의 재현이 아니기 때문에요. 오늘은 어제와 다른 날이며, 내일은 오늘과 다른 날일 것이며, 모레는 또 내일과 다른 날을 제가 만들어나갈 테니까요. 이 '다름'이 조금씩 쌓여 제 인생을 새롭게 만들겠지요. 그 기대로 매일매일을 보내며 새롭고 재미있는 놀이를 찾아서 즐기고 몰입하는 삶. 어찌 행복하지 않을 수 있을까요?

지금 50대 중반인 저는 여전히 놀이를 즐기며, 삶을 만끽하고 있습니다. 세상은 온통 재미있는 놀이로 가득 차 있고, 나날이 새로운 놀이를 발견하는 기쁨이 넘쳐요.

요즘은 코로나19로 새롭게 등장한 '온라인 수업 영상 만들기'라는, 몹시 재미있고 새로운 놀이를 즐겼고, 현재는 실시간 원격으로 만나는 수업 만들기 놀이를 하고 있답니다. '온라인 수업 영상 만들기'는 영상이라는 매체 특성에 맞추어 소단원 하나를 10분 이하 분량의 수업으로 만들고, 학생들이 수업 영상을 시청하고 과제활동한 것을 보면서 저의 수업 영상이 얼마나 성공했는지 가늠하고 다음번 수업 영상에 반영하면서 수업 만드는 '일'을 즐기는 거예요. 현재는 구클(구글 클래스룸) 속에 담긴 다양한 콘텐츠를 어떻게 수업으로 만나고 활용할 것인지 탐험하고 실험하면서, 대면 수업에서 어려웠던 것을 온라인으로 어떻게 채울 것인지 찾아내고 있어요.

놀이를 즐기는 사람들에게는 4차 산업혁명 시대, 변화가 빠른 요즘 시대의 변화가 두려움과 불안함보다는 새로운 도전에 대한 기대감과 신기함으로 다가오리라고 생각해요. 왜냐하면 로봇이 하지 못하는 일은 바로 기뻐하며 즐기는 것, 일상을 비틀어서 새로움을 만들어내는 것이기 때문입니다.

타고난 놀이꾼인 저도 이 시대에 더 빛날 테고요. 저는 늘 새로운 것을 발견하고, 즐기고, 재미에 폭 빠질 자신이 있습니다. 이를 가능하게 하는 것이 '놀이'입니다.

저는 놀이하는 인간, 호모 루덴스로서 우리를 닮게 하는 세상의 다양한 편견이나 노동의 괴로움, 소비의 유혹과 즐거이 맞설 것입니다. 이 역시 저에게는 세상과 벌이는 한 판의 즐거운 전쟁놀이지요.

이 책을 통해 여러분과 같은 편이 되어 제가 즐기는, 재미있게 세상을 사는 방법을 함께 공유하고 더 강력하게 만들어나가고 싶습니다. 자, 청소년들이여! 놀이로 세상을 즐겨봅시다!

목차

PART **1** 놀이를 알아야 세상을 안다
"놀이가 대체 뭐야?"

PART 5   미래는 놀이하는 사람의 것
"어서 와, 놀이하는 시대는 처음이지?"

놀이를 알아야
세상을 안다

"놀이가 대체 뭐야?"

사람들은 흔히 '논다'라고 하면 생산성 있는 일은 아무것도 안 하고 그저 시간을
버리는 것이라고 생각하지요. 그러나 조금 시선을 달리해보면, 이 세상의 창조
적 행위 중에 놀이가 아닌 것은 없답니다. 시나 소설 같은 작품을 짓는 것, 영화
나 연극 또는 뮤지컬 공연을 하는 것, 온라인 게임을 만드는 것은 물론이고, 요
즘 유행하는 유튜버 활동까지. 모두 그 근원을 파헤치다 보면 '재미있어서 하는
것' 아닌가요!

아니, '돈 벌려고 한다'라고요? 글쎄요, 유명한 창작자들은 처음부터 돈을 많이
벌고 싶어서 노력했다기보다, 재미있어서 푹 빠져 즐기다 보니 유명해지고 돈도
벌게 되더란 이야기를 더 많이 하지 않나요?

그럼 어디 한번 따져봅시다. 노는 게 뭔지 알아보면, 재미 때문에 하는지 돈 때
문에 하는지 판단할 수 있겠지요.

01 세상의 이치,
놀이 안에 담겼소이다!

여러분은 주변의 어른들이 아기를 어를 때 어떻게 하는지 기억하나요? 기어 다니던 아기들이 앉기 시작할 무렵이면, 어른들은 '곤지곤지'나 '도리도리', '잼잼' 놀이를 가르치지요. 이는 아기의 운동기능과 뇌신경이나 소근육의 발달을 돕는 과학적 놀이로, 단동십훈(檀童＋訓)이라는 우리나라 전통 육아법이랍니다.

'곤지곤지'는 오른손 집게손가락으로 왼쪽 손바닥을 찍는 시늉을 하며 '땅(지, 地)＝곤(坤)'의 의미를 깨닫게 하려는 의도였습니다. '도리도리'는 머리를 좌우로 흔들 듯 이리저리 생각해 하늘의 이치와 도리를 깨달으라는 뜻이고, 두 손을 쥐었다가 펴는 '잼잼'도 쥘 줄 알았으면 놓을 줄도 알라는 가르침이 숨어 있습니다. 아기들의 아주 단순한 놀이 속에도 세상의 이치를 담은 우리 조상들의 지혜를 엿볼 수 있어요.

어른들이 이 놀이를 보여주면 아기들이 따라 하는데, 처음에는 잘 못하던 아기들도 자꾸 반복하면 나중에는 능숙하게 합니다. 이처럼 인간은 태어나서 자신의 몸을 어느 정도 제 마음대로 다룰 수 있게 될 때부터 놀이를 시작하게 되는 것이지요.

| 무엇이 인간과 고양이를 구분 짓는가? |

아기가 자신의 몸을 어느 정도 가누기 시작하면서 놀이를 하는 것처럼, 인류가 생겨났을 때부터 놀이가 있었을 것이란 추측을 할 수 있겠네요. 대부분의 사람들은 '의식주' 즉, 인간이 사는 데 꼭 필요한 '옷과 음식과 집'을 마련하기 위해 하는 활동을 제외한 별 의미 없는 활동을 가리켜 '놀이'라고 일컫습니다. 그러므로 놀이는 인간이 이 세상에 나타났을 때부터 자연스럽게 존재했을 것이라 짐작할 수 있어요.

놀이를 학문으로서 연구한 최초의 학자는 네덜란드의 요한 하위징아라는 사람인데, "놀이는 문화보다 더 오래된 것"이라고 말했습니다. 그렇다면 문화란 무엇이며, 언제부터 존재했을까요?

중학교 사회 교과서[1]를 확인해보면, '인간을 동물과 구분해주는 특징'을 문화라고 불렀습니다. 동물은 날것을 그대로 먹고, 추위에 본능적으로 반응하지요? 하지만 인간은 동물과 달리 주어진 환경

....
1. 김진수 외 지음, 『중학교 사회① 교과서』, 미래엔, 2019, 72쪽, '문화의 이해' 단원

에 적응해가면서 특유의 의복, 음식, 건축양식 등과 같은 생활양식을 만들었습니다. 이처럼 본능이 아닌 생활양식이 '문화'이듯, 인간 사회에서 중요하게 여기는 부분에 '놀이'에 필요한 요소가 작용하고 있었다고 학자 하위징아는 생각했던 거예요.

좀 더 쉽게 말해볼까요? 서로 뒹굴고 물고 뛰어다니며 노는 것은 강아지도 갖고 있는 본능이겠지요. 하지만 사람들은 소꿉놀이를 연극으로 만들고, 언어를 통한 의사소통으로 시작해 시를 읊거나 수수께끼처럼 말로 즐기는 놀이를 하게 되었습니다. 그리고 일회성 활동에 머물지 않고 더 나아가 이야기에 살을 붙여, 체계를 갖춘 신화를 만들어내고 소설을 창작했어요. 단순히 본능에서 우러난 움직임에 그치지 않고, 그것을 문화로 발전시켜왔답니다. 그렇게 노는 행위들을 반복하고 변화시키고 발전시키며, 인류는 문명을 만들어 왔다는 말입니다.

잠시 고양이를 관찰해볼까요. 고양이는 털실뭉치나 작고 움직이는 것들을 발견했을 때, 왜 그러는지 이해하기 어려운 행동을 합니다. 털실뭉치나 작고 움직이는 것이 있는 쪽으로 갑자기 달려가서 발로 툭툭 건드려보다가, 힘껏 치고 나서 다른 곳으로 달려갔다가 다시 다가와서 가볍게 친 다음 달려가는 행동을 아주 진지하게 한참 동안 반복해요. 이런 고양이의 행동은 '놀고 있다'라는 행위 외에 달리 설명하기가 어렵지요.

그러나 모든 고양이가 이처럼 털실뭉치 같은 것을 가지고 논다고 해서, 그것을 고양이들의 문화라고 부르지 않습니다. 그저 고양이의

놀고 있는 고양이
고양이는 놀이를 하면서 나중에 먹이를 사냥할 때 필요한 행동을 학습합니다. 이렇게 평소에
학습하지 않으면, 쥐가 나타나도 잡을 수 없어요.

본능일 뿐이지요. 고양이가 쥐를 사냥하는 모습을 관찰하면, 털실뭉
치나 작고 움직이는 것들을 가지고 놀 때의 행동과 똑같습니다.

하지만 아이들이 소꿉놀이를 하거나, 유치원에서 율동을 하면서
동요를 부르는 것은 어린이들의 문화라고 할 수 있습니다. 때때로
아이들은 학교놀이나 의사놀이를 하면서 가상의 역할을 맡아 연기
하며 놀고, 이런 놀이를 무대에서 공연하면 연극이 됩니다. 그래서
하위징아는 문화의 시작을 놀이로 본 것 아닐까요?

| 세상과 맞서서 노는 법 |

보통 사람들은 '논다'라고 말하면 '하라는 공부는 안 하고 쓸데없는 짓을 한다'라고 생각하기 십상이에요. 여러분도 쓸데없거나 좋지 않은 행동을 하고 있을 때 "놀고 있네."라는 핀잔을 들은 적 있지 않나요? 왜 우리는 인류 문명의 기초가 될 만큼 중요한 '놀이'를 부정적으로 여기게 되었을까요? 정말로 노는 것은 우리 생각처럼 좋지 않은 행동일까요? 여러분은 어떻게 생각하나요?

이 글을 쓰는 저는, 모든 생명체는 놀아야 한다고 생각합니다. 인간뿐만 아니라 강아지도 노는 것을 좋아하고, 고양이도 노는 것을 좋아해요. 생명이 있는 것들은 놀지 않으면 정신이 병들어버립니다. 그러니까 강아지와 고양이도, 맹수의 새끼들도 누가 가르쳐주지 않아도 본능적으로 노는 것이겠지요.

그러나 놀 땐 놀되, '잘' 놀아야 합니다. 인간의 노는 행위는 동물들이 본능적으로 하는 행위와 다르기 때문에, 무언가 목적의식이 더해져야 하지 않을까요?

'목적 없이 노는 것'이 놀이라면서, 이번에는 '목적을 가지고 놀아야 한다'라고 말하는 저의 주장이 얼핏 모순처럼 느껴질 수도 있겠습니다. 그러나 이 말이 의미하는 바는, 인간이 하는 놀이란 동물이 하는 놀이와 본질적으로 다르다는 소리지요. 동물의 놀이가 본능을 그대로 따르는 것이라면, 인간의 놀이는 본능을 넘어선 어떤 것이라는 의미입니다. 다시 말해, 삶을 풍요롭고 윤기 있게 만들 수 있는 놀이를 하자는 것이지요. 그러려면 놀이에 대해 제대로 알아야 하지 않을까요?

먼저 우리는 '놀이'에 대한 세상의 부정적 인식과 한바탕 싸워야 할 것입니다. 그래야 놀이를 좋아하는 저, 그리고 이 책을 읽고 있는 여러분이 당당하게 놀 수 있으며 세상을 향해 놀자고 소리칠 수 있을 테니까요.

그런데 우리가 옹호하려는 대상에 대해서 제대로 알지도 못하면서 비판에 맞설 수 있을까요? 싸우기 전에 미리 충분히 알아두어야, 부정적인 관점에 대항할 논리를 만들 수 있지 않겠습니까. 우리는 논리로 무장하고, "놀고 있네."가 "쓸데없는 일을 하네."라는 핀잔이 아니라 "잘하고 있구나!"라는 감탄으로 변할 때까지 세상과 싸워야 한다고 생각합니다. 그래야 세상이 바뀔 테니까요.

또한 자기 스스로 '정말 잘 놀고 있구나.'라고 느끼는 경험은, 그 싸움에서 이길 수 있다는 강력한 믿음이 될 것입니다. 그러려면 '잘 노는 것'이 무엇인지부터 알아두어야겠지요?

놀이가 무엇인지 이제부터 어디 한번 알아봅시다!

02 우리는 '호모 루덴스', 놀이하는 인간

하위징아는 놀이하는 것을 인간의 중요한 특성으로 파악하고 인간을 '호모 루덴스(Homo ludens)' 즉, 놀이하는 인간이라 정의[2]했습니다. 호모(Homo)는 라틴어로 '인간'이라는 의미예요. 여기에 루덴스(Ludens) 즉, 라틴어로 '유희(遊戲, 놀이하기)'를 붙여 '놀이하는 인간'이라 한 것이랍니다.

| 동굴 벽화를 그리며 놀던 인류의 조상들 |

인간의 특성에 중점을 맞춰 이런 식으로 라틴어 호모(Homo)를 앞에 붙인 단어로 정의한 것은 '호모 하빌리스'부터였어요. 호모 하빌

2. 정의(定義) : 어떤 말이나 사물의 뜻을 명백히 밝혀 규정함

리스는 인류의 조상들 중 하나입니다.

현재의 우리 인류와 같은 종에 속하는, 인류 최초의 조상은 '오스트랄로피테쿠스(Australopithecus)'예요. 발음하기도 어려운 이름이지요? 차근차근 뜻을 풀이해볼까요? 오스트랄로(Australo)는 '남쪽'이라는 뜻의 라틴어 형용사에서 따온 말이에요. 피테쿠스(Pithecus)는 고대 그리스어로 '원숭이'라는 뜻이지요. 그래서 오스트랄로피테쿠스는 '남쪽의 원숭이'라는 의미입니다. 남방유인원(南方類人猿)이라고 표현하기도 해요.

화석 모양으로 미루어볼 때, 오스트랄로피테쿠스의 외모는 그 이름처럼 인간보다는 원숭이에 가까웠을 거예요. 하지만 서서 걷기도 하고, 돌을 깨서 만든 뗀석기 도구를 사용했기 때문에 인류 최초의 조상으로 인정했답니다.

그다음 출현한 인류의 조상이 바로 '호모 하빌리스(Homo habilis)'인데, 뇌의 용량이 조금 더 커졌고 손을 자유롭게 사용하여 도구를 썼어요. 하빌리스(Habilis)는 라틴어 형용사로 '솜씨가 좋다'의 의미인데, 호모(Homo)와 합치니 '도구를 다루는 인간'이라는 의미가 되었습니다. 호모 하빌리스 단계부터 드디어 원숭이 종류를 벗어나 '인간'이라는 의미가 붙었지요.

호모 하빌리스 이후에 등장한 인류는 '호모 에렉투스(Homo erectus)'입니다. '똑바로 선'이라는 뜻의 라틴어 형용사 에렉투스(Erectus)를 '인간'과 합친 단어로 종종 직립원인(直立猿人)이라고 번역되지요.

그 이후에 나타난 인류가 우리 현생 인류[3]의 직계 조상이라고 하는 '호모 사피엔스(Homo sapiens)'예요. 사피엔스는 라틴어로 '현명하다, 슬기롭다'라는 뜻을 가진 사피오(Sapio)의 현재분사형입니다. 그럼 무슨 뜻인지 알겠지요? '슬기로운 인간'이에요. 호모 사피엔스 이후에 나타난 인류가 바로 우리들, 호모 사피엔스 사피엔스예요. 슬기롭고 슬기로운 인간으로, 더욱 인간답게 진화한 것이랍니다.

여러분이 사회 시간에 배운 알타미라 동굴 벽화, 기억하세요? 이 벽화를 그린 사람은 호모 사피엔스의 일종인 크로마뇽인이었습니

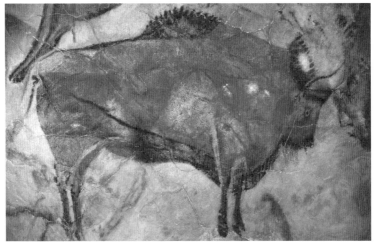

ⓒ pixabay

알타미라 동굴 벽화
크로마뇽인들이 이렇게 그림을 그린 이유는 '이런 동물들을 많이 잡게 해주소서'라고 기원했다는 주술적 목적으로 해석되기도 하고, 사냥을 위한 연습용으로 그렸다고 해석되기도 합니다. 이유가 무엇이든, 인류의 조상들이 그림을 그렸다는 것은 명백한 사실이에요.

························
3. 현생 인류(現生人類): 현재 생존하고 있는 인류와 같은 종에 속하는 인류

다. 학자들은 그들이 벽화를 그리면서 동물을 많이 잡게 해달라고 빌었으리라 추측하고 있어요.

저는 그들이 그림을 그리며 놀았던 것 아닐까, 하는 생각이 들어요. 비가 오거나 날이 추우면 동굴 밖에 나가지 못하니 사냥도 못했겠지요. 그래서 심심해서 벽화를 그리며 논 게 아닐까요? 그러면서 그림으로 그린 동물들을 사냥할 때 놓치지 않고 잘 잡으면 좋겠다고 바라기도 하고, 동물을 사냥하는 방법도 가르치지 않았을까 하는 생각을 한답니다.

| 일상에서 벗어난, 즐거운 자발적 규칙 |

하위징아가 만들어낸 개념 '호모 루덴스'는 인간을 생각하는 존재로 파악한 '호모 사피엔스' 이후로 인간에 대한 가장 놀라운 정의(定義)라고 평가받고 있습니다. 그 이유는 놀이라는 별 볼 일 없는 행위를 인간 문명의 기원으로 인정하고 낱낱이 밝히려 했기 때문이에요.

하위징아는 그의 책 『호모 루덴스』에서 각 나라의 언어 속 '놀이'의 의미를 분석하고, 놀이의 성격에 '문화를 창조하는 기능'이 있다고 했어요. 심지어 전쟁에 숨어 있는 놀이의 규칙, 시와 철학에 담긴 놀이 요소까지 분석하여 설명했답니다. 흔히들 놀이의 영역이라 여기던 예술 분야는 말할 것도 없고, 심지어 전쟁과 재판까지 포함하여 인간이 하는 문화적 행위 중에 놀이 요소가 담기지 않은 것은 없다고 본 셈이지요. 그래서 인간을 '호모 루덴스'라고 정의했던 거랍니다.

하위징아는 근대 유럽 각 나라의 언어에서 '놀이'에 대해 말하는 표현 속에 들어 있는 놀이의 개념을 파악해 다음처럼 정의했어요.

> "놀이는 어떤 고정된 시간과 공간의 한계 안에서 수행되는, 그리고
> 자유롭게 받아들여진, 그러나 절대적 구속력을 갖는 규칙에 따라
> 수행되는 자발적 행위 또는 일로서, 그 자체의 목적이 있으며, 또
> 거기에는 어떤 긴장감과 즐거움이 따르며, '일상생활'과는 '다른' 것
> 이라는 의식이 따른다[4]."

조금 표현이 딱딱하지요? 쉽게 풀이해보겠습니다. 이 정의에 따르면 놀이는 자유롭게 참가하는 활동이며, 이익을 바라지 않고, 일상생활과 상관없는 공간과 시간을 정해서 규칙에 따라 자발적으로 하는 활동입니다. 단순히 놀기 위해 하는 행동이며, 긴장감과 즐거움이 있기 때문에 하는 일상적이지 않고 특별한 일입니다.

여러분도 같은 반 친구들이 다 먹은 우유갑으로 야구 놀이를 할 때를 떠올려보면 바로 이해할 수 있을 거예요. 쉬는 시간에 교실에서 빈 우유갑을 공처럼 던지고 빗자루로 치며 야구 놀이를 하던 친구들, 있었잖아요?

친구들이 공부하고 있는, 책상이 있는 공간을 피해 교실 뒤쪽 공

....
4. J. 하위징아 지음, 김윤수 옮김, 『호모 루덴스』, 까치, 1998, 47-48쪽

간만 이용해야 하기 때문에 공이 교실 앞쪽이나 책상 쪽으로 가면 아웃이 되는 식이었지요. 계속 던지기만 하거나 치기만 하면 재미없으니까, 어느 정도 하고 나면 역할을 서로 바꾸기도 했어요. 어때요, 이런 식으로 규칙을 정해서 놀지 않았나요?

쉬는 시간 10분 동안의 간단한 놀이지만, 공간과 시간의 한계를 정하고 규칙도 있었지요. 하고 싶은 친구들만 모여서, 긴장감과 재미를 느끼며 하는 놀이였어요. 누구도 "야! 그게 무슨 야구냐?"라고 따지지 않으며, 단순히 재미있어서 하는 것이지 야구 선수가 되려고 하는 놀이가 아니었잖아요. 이제, 하위징아가 말하는 '놀이'의 개념에 대해 이해할 수 있겠지요?

ⓒ 시흥행복교육지원센터 블로그 김운영 촬영

교실에서 노는 아이들
아이들은 틈만 나면 어디서든 놉니다. 어떤 물건이든 전부 놀잇감으로 삼아서요. 앞서 말한 '호모 하빌리스'는 솜씨 좋은, 능력이 있는 인간이란 뜻이었지요. 말 그대로 '놀이 능력자'들의 재능이 반짝이는 순간이네요.

| 전쟁의 승패는 신이 내린 운명이었다 |

앞에서 '전쟁이나 재판까지 놀이와 관련되어 있다'라고 했는데, 꽤 놀랍지 않았나요? 사람을 죽이는 행위를 놀이와 연관 짓는 것이 인간의 생명을 가볍게 여기는 짓이 아닌가 하는 생각이 들었을 수도 있겠네요. 이에 대해 좀 더 살펴보기로 해요.

하위징아는 그의 책 『호모 루덴스』에서 "질서를 지킨 투쟁은 놀이다[5]."라고 했습니다. 이처럼 전쟁을 놀이와 같은 맥락으로 다룬 상황을 경제학에서도 찾아볼 수 있습니다. 게임이론이라고 하는데, 운동경기·화투·포커·바둑·협상·전쟁 등 모든 게임의 경기자는 경쟁상대가 취하는 전략을 보면서 자신의 행동을 결정한다는 이론입니다.

그런데 전쟁을 일종의 게임으로 다루는 것은 원래 고대부터 시작된 관습이었어요. 아무래도 현대인들은 이해하기 어려운 개념이지요? 고대인들은 신의 심판을 얻기 위해 전쟁을 했는데, 단순히 강한 자의 뜻대로 결정하자는 의도가 아니라 '승리란 신이 가져다주는 것'이며 그렇기 때문에 승리가 곧 정의(正義, Justice)라고 생각했어요. 일대일의 결투는 신이 심판한 결과이므로, 결투에서 이긴 자가 옳은 것입니다.

이런 결투에는 반드시 정해진 규칙이 있었습니다. 누군가가 결투

....
5. J. 하위징아 지음, 김윤수 옮김, 『호모 루덴스』, 까치, 1998, 140-162쪽

를 신청했을 때, 신청받은 자는 거부하지 않고 받아들여야 합니다. 결투는 일정하게 정해진 결투 장소에서 각자 허용된 무기를 사용해서 진행합니다. 결투의 결과가 진 사람의 죽음 같은 극단적인 것일지라도 받아들여졌는데, 이는 정해진 규칙 안에 포함된 것이었기 때문이에요.

여러분도 아마 본 적이 있을 거예요. 유명한 소설 『삼국지』 속에서 벌어지는 여러 전쟁을 소재로 하는 영화들에서 심심찮게 볼 수 있는 장면이에요. 두 나라의 군대가 거리를 두고 대치하고 있는 상황에서, 전투가 시작되기 전 양쪽의 장군들이 먼저 대결을 벌이잖아요. 혹은 같은 숫자의 병사들이 양쪽 군대에서 나와 대결하기도 해요.

이 대결의 승패는 전투의 승패를 미리 예견하는 중요한 기능을 가지고 있었답니다. 대결에서 승리한 쪽의 군사들은 기세가 하늘을 찌를 듯이 높아져, 이후에 실제 전투를 해도 결국 이기는 쪽으로 판가름 나는 경우가 많았어요. 심지어 어떤 경우는 아예 전투의 승패를 일대일 대결의 승패로 결정짓기로 합의하기도 했더군요. 이런 경우는 사람을 덜 죽이려는 인도적[6] 의도라기보다, 신이 그쪽의 손을 들어주었으므로 더 이상 싸움을 할 필요 없이 승리한 편을 정의라고 판단한 것이랍니다. 그래서 전쟁은 정의로움을 수행하는 차원의 이야기가 되며, 운명에 대한 신의 계시로 여겨졌어요.

....
6. 인도적(人道的) : 사람으로서 마땅히 지켜야 할 도리에 관계된 것

유럽의 기사도 정신도 정의로움을 수행하는 차원의 전쟁에서 발전한 개념이에요. 기사는 중세 봉건시대에 왕에게 영지를 받아 주종관계를 맺고 무사로서 봉사하던 사람들이에요. 그런데 점차 시간이 흐르면서 기사들은 교회에 봉사하는 집단이 되어가고, 그 행동도 생활양식으로 번져가게 되었답니다. 그들의 기사도 정신은 겸허한 태도로 부녀자와 약자를 보호하는 것이며, 돈독한 신앙심과 충성심도 의미했어요. 중세시대가 지나면서 계급이 없어지자 그 생활양식은 상류 계층으로 이어졌지요. 장교에 대한 존중이나 포로에 대한 대우 등이 이 정신에서 나왔다고 해요.

그렇다면 어쩌면 국제법도 그런 정신에서 생겼다고 볼 수 있지 않을까요? 전쟁에 관한 국제법은 **전시국제법**(戰時國際法, Jus in bello)이라고 하는데, 이것은 국가 간 전쟁의 시작을 선언하고, 전쟁 중의 행위에 적용하는 법입니다. '전쟁법'이라고도 부르며, 크게 분류하자면 전쟁 선포, 항복 수락, 포로 대우, 군사적 필요, 사용 가능한 전쟁 무기의 제약 등에 대한 규정으로 이루어져 있습니다.

즉, 국가끼리 서로 문제가 있을 때 우선 외교로 해결을 하되, 피치 못할 경우가 생겨 혹시 전쟁이 일어나더라도 이 정도는 지켜야 인간적이라고 인정할 수 있는 규정이랍니다. 만일 이런 규정을 지키지 않고 자기 나라의 이익만 고집한다면, 세상은 야만의 세계로 추락해버릴 거예요.

베트남 전쟁이 그 예지요. 이 전쟁은 베트남에서 1955년부터 1975년까지 거의 30년 동안 계속되었으며, 처음엔 베트남 내부에

서만 벌어졌으나 미국이 통킹만 사건[7]을 이유로 개입하며 국제전
이 되었습니다. 우리나라도 미국의 요청으로 파병을 했어요.

미국은 이 전쟁에서 승리하기 위해 비행기로 무차별 폭격과 공습
을 했을 뿐 아니라, 3,000℃의 고열로 넓은 지역을 태워버리는 네이
팜탄 같은 대량 살상 무기를 투하했습니다. 그 과정에서 군인이 아
닌 민간인들이 많이 희생되었어요. 또한 정글에 숨은 게릴라를 찾
기 위해, 나뭇잎을 마르게 만드는 화학 무기인 고엽제를 뿌렸고요.
이 유독물질의 후유증으로 지금도 고통받는 참전군인들이 많아요.

이렇게 비행기로 화학 무기를 뿌리고 대량 살상 무기를 투하한
것은 '전쟁은 군인 대 군인끼리 벌여야 한다'라는 전쟁 규칙을 어기
고 전쟁과 상관없는 민간인들이 오히려 더 희생되는 결과를 가져왔
지요. 그런 사실들이 알려지면서 미국 내에서 베트남 전쟁을 반대
하는 운동이 일어났고, 미국은 그 전쟁을 벌이는 정당성을 잃게 돼
요. 이처럼 전쟁을 할 때도 정해진 규칙을 어기고 승리에만 집착할
경우, 야만스러운 상황이 벌어진다는 것을 깨닫게 합니다.

영국 BBC 방송국이 선정한 '21세기 위대한 영화 100선'에 포함
된 《액트 오브 킬링[8]》이란 영화는 정해진 규칙을 지키지 않은 전
쟁에서 얼마나 야만스러운 일들이 벌어지는지를 있는 그대로 생생

---

7. 통킹만 사건: 1964년 베트남의 통킹만(灣, 바다나 호수 등이 육지 쪽으로 굽어 들어온 곳)에
   서 북베트남 해군이 미 해군함을 먼저 공격해 서로 교전을 벌인 사건. 후일 베트남 측은 '전쟁
   중이던 남베트남 함선으로 오인해서 발포한 것'이라고 발표함
8. 《액트 오브 킬링(The Act of Killing)》, 조슈아 오펜하이머 감독, 2012

하게 보여주고 있습니다. 이 영화는 1965년 인도네시아 쿠데타 당시에 군대가 '반공[9]'을 명분으로 100만 명이 넘는 공산주의자, 지식인, 중국인들을 비밀리에 살해한 사건을 소재로 하고 있어요.

어떤 내용인지 이야기해볼게요. 1965년 이후 50년의 세월이 흐른 2010년대 중반까지, 그 대학살을 주도했던 암살단의 주범 안와르 콩고는 국민 영웅으로 추대받으며 호화스런 생활을 누리고 있었지요. 어느 날, 그 대학살을 영화로 만들어보자는 제안이 들어오자 안와르 콩고와 함께 학살을 저질렀던 친구들은 흔쾌히 수락했어요.

그런데 그들이 조국을 위한 일이라고 믿으며 영웅 심리로 기꺼이 했던 일들을 직접 영화로 재현하는 과정에서, 안와르 콩고는 죄 없이 피해자가 되어 죽음을 당했던 사람 역할을 맡게 됩니다. 그러면서 자신이 했던 일들을 본의 아니게 피해를 당하는 입장에서 겪자, 죽음의 공포가 어떤 것인지 직접 느끼게 되었답니다. 또한 그는 피해자들이 죄가 있어서 죽었던 것이 아니라 억울하게 죽었다는 것도 깨닫게 되었지요. 아무리 그때 했던 행동이 조국을 위한 것이라고 스스로를 수없이 설득하려 해도, 결국 인간으로서 해서는 안 되는 행동이었다는 점만이 명백해질 뿐이었어요.

우리는 이 영화를 통해서도 전쟁이든 쿠데타[10]든 혁명이든 인간이 놀이의 정신을 잃었을 때, 약육강식의 세상이 벌어지며 그 속에서 인간성은 동물 이하로 떨어진다는 것을 알 수 있습니다.

....
9. 반공(反共) : 공산주의에 반대함

| 재판관의 법복으로 변신한 신관의 가면 |

자, 그럼 재판은 어떨까요? 법이 실제로 집행되는 재판 장면을 보면, 경기 형태로 된 놀이의 모습과 아주 비슷해요. 앞서 '놀이'를 정의할 때, 일상과 다른 장소, 정해진 시간, 정해진 규칙 등을 언급했지요? 재판할 때 판결이 이루어지는 법정은 성스러운 곳이에요. 그 법정에서 재판관들은 주로 검은색 계통의, 중세시대 사제들이 입었던 옷과 비슷한 법복을 입고 나옵니다. 일상의 장소와는 다른 장소와 시간 속에서, 법관이 입은 법복은 마치 고대의 종교 행사에서 신관이 쓰던 가면과 같은 역할을 한다고 볼 수 있답니다.

원시 샤머니즘[11]에서 신관은 가면을 쓰고 신과 인간의 사이를 연결했습니다. 그래서 신관이 하는 말은 곧 신이 하는 말이었어요. 의식을 진행할 때 신관이 쓰는 가면은 항상 비밀리에 만들어졌고, 사용한 다음에는 파괴하거나 숨겼답니다. 이런 가면은 현대로 오면서 신과 인간 사이를 매개하는 힘을 잃고, 익살스러운 광대의 분장용이나 아이들의 놀잇감으로 권위가 추락했어요. 하지만 가면은 제복이라는 다른 형태로 변형되어 또 다른 권위를 상징하게 되었습니다. 법복도 가면이 변형된 형태로, 법관의 권위를 나타내게 되고 그 권

....

10. 쿠데타(coup d'État) : 무력으로 정권을 빼앗는 일. 지배계급 사이의 단순한 권력 이동이므로, 체제를 바꾸는 것이 목적인 '혁명'과 구별됨
11. 샤머니즘(Shamanism) : 주술사인 샤먼이 초자연적 존재와 직접 교류해 점을 치거나 예언하고 병을 치료하는 종교적 현상

투탕카멘의 가면

18살에 죽은 고대 이집트 파라오(왕) 투탕카멘의 무덤에서 발굴된 가면. 무덤을 발굴하던 일에 관련된 사람들 20여 명이 병이나 사고로 죽는 바람에 '파라오의 저주'라고 불리기도 했습니다. 이 사건을 소재로 만들어진 영화 《미이라[12]》가 있는데, 되살아난 파라오의 미이라가 자신의 영역에 침범한 인간에게 저주를 내리는 내용입니다. 신이 자신의 신성한 영역인 죽음의 세계에 침범한 인간에게 벌을 내린다는 의미와 연결되지요.

위가 법률로 인정됩니다.

가면은 원시시대 때 동물들을 속이고 사냥을 쉽게 하기 위해 사용되다가, 고대사회로 오면서 주술 도구로 쓰였어요. 중세시대 이후부터는 축제나 무도회 때 자신이 원하는 얼굴을 만들기 위해 사용되었습니다. 그러면서 그 사회와 시대 문화의 영향을 받아 각양각색의 가면이 만들어지게 되었지요. 우리나라도 조선 후기에 서민들이 탈춤을 추면서 다양한 탈들이 제작되었고, 그 탈에는 당시 우

....

12. 《미이라(The Mummy)》, 스티븐 소머즈 감독, 1999

조선시대의 다양한 탈들

종이로 만든 탈은 사용하고 나면 태워 없앴으나, 나무로 만든 탈들은 보관되었습니다. 탈을 만들 때에는 아무도 그 과정을 볼 수 없게 했으며, 이 금기와 관련된 '하회탈 전설'이 있어요. 탈 만드는 도령을 사모하던 여자가 탈 만드는 모습을 훔쳐보는 바람에, 도령이 죽어서 완성할 수 없었던 탈이 하회탈이라고 해요. 이런 이야기들은 점점 사라져가던 가면의 권위가 어렴풋이 남아 변화된 것 아닐까 하는 추측을 하게 만듭니다.

리나라의 문화가 잘 담겨 있답니다.

원래 가면은 자신의 표정을 바꾸어 다른 사람이나 존재로 보이게 하는 것이 목적입니다. 진짜 자신은 가면 뒤에 숨고, 가면에 보이는 존재가 자신보다 더 힘이 세거나 권위가 높거나 더 멋지게 보이길 원했겠지요.

그래서 원시사회에서 사용된 가면은 사냥을 할 때 동물들에게 자신의 모습을 숨기고 다른 것으로 보이기 위한 도구였을 거랍니다. 그렇다면 인간보다 더 힘이 센 동물의 모습으로 제작했으리라고 추측할 수 있어요.

그다음 고대사회에서 가면이 주술 도구로 사용되었다면, 신의 모습과 비슷하게 만들었겠지요? 가면 뒤에 숨은 인간인 자신이 아니라, 가면에 보이는 대상을 자신과 동일시하면서 사람들에게 신과 같은 위치를 인정받고 그 권위를 사용했을 거예요.

고대 이후 중세시대로 넘어가며, 가면은 인간이 사용하는 물건으로 위상[13]이 꺾이면서 놀이를 위한 것으로 바뀌었겠지요. 조선시대의 탈을 보면, 어떤 권위를 가진 탈보다 권위를 비웃거나 조롱하는 탈이 많아요. 마당극에서는 양반을 익살스럽게 비꼬는 놀이판에 맞는 다양한 표정들이 필요했을 테고, 그런 것을 제작했을 테니까요.

이렇듯 시대가 변하면서 그 시대 문화가 요구하는 다양한 표정이 필요하게 되었고, 가면도 거기에 맞추어 제작되었겠지요. 그렇기 때문에 학교의 미술 수업에서 가면을 다루는 것[14]은 그 시대의 문화를 이해하고, 당시 삶 속에서 미술 활동이 지니는 의미를 학습하기 위해서일 겁니다.

가면처럼 문화나 시대의 흐름에 따라 권위가 하락한 경우도 있지만, 앞서 말했듯 제복이나 법복처럼 새로이 권위를 획득한 경우도 있습니다. 다시 재판에 대해 이야기해봅시다.

....
13. 위상(位相) : 어떤 사물이 다른 사물과의 관계 속에서 가지는 위치나 상태
14. 김형숙 외 지음, 『중학교 미술② 교과서』 (주)교학도서, 2017, 16쪽, '미술의 삶' 단원

현대로 오면서 소송과 재판은 옳고 그름을 따지는 논쟁이 되었습니다. 그러나 고대의 관점에서는 이기고 지는 것은 신의 뜻이었으며, 그렇기에 이기는 것이 정의였습니다. 마치 전쟁처럼요.

고대에는 재판의 형식도 달랐어요. 말싸움이나 운에 달린 도박 또는 경기를 통해 재판했습니다. 현대로 넘어오면서 재판에서 도박이나 경기의 형식은 없어졌지요. 그러나 변호사와 검사가 순서에 따라 서로 공방[15]을 바꿔 주장하는 것은 본질적으로 말싸움 형태이며, 이를 규칙에 따른 행위라고 본다면 '시간과 장소가 한정됨', '시작과 끝 단계에서 형식이 있음', '규칙을 정하고 지켜야 함' 등이 놀이와 충분히 비슷하지 않나요?

| BTS의 힙합에도, 토론에도 배틀이 있다 |

성스러운 재판이나 살벌한 전쟁만이 아니라, 여러분이 많이 좋아하는 힙합도 그런 놀이의 모습을 하고 있답니다. 흔히 '배틀'이라고 하는데, 힙합을 좋아하는 사람들은 힙합팀끼리 모여 댄스 배틀을 하는 것을 본 적 있을 거예요.

동그랗게 선 두 편의 팀에서 각자 한 사람씩 나와서 댄스를 추며 대결합니다. 이 대결에서 댄스 실력이 상대보다 모자란 사람은 스스

....
15. 공방(攻防) : 서로 공격하고 방어함

로 패배를 인정하고 자기편 쪽으로 도로 들어가지요. 완전히 결판이 나기 전부터, 대결하는 이들을 둘러싼 사람들은 더 잘 추는 사람에게 환호하며 승패가 기울어집니다. 배틀에서 진 사람이 퇴장하면, 퇴장한 사람이 속한 팀에서 다른 사람이 나와서 승자에게 도전하는 식이에요. 이렇게 팀의 모든 사람이 차례차례 댄스로 시합을 하고 승패를 정합니다. 텔레비전 채널 M-net의 〈아메리칸 허슬라이프〉에서 아이돌 그룹 BTS가 미국 댄서들과 이런 식으로 댄스 배틀을 하기도 했어요.

역시 같은 채널에서 8번째 시리즈까지 진행했던 인기 프로그램 〈쇼미더머니(Show Me The Money)〉는 랩으로 하는 경연이었는데, 진행 방식이 조금 독특했어요. 다른 노래 경연 프로그램은 진 팀만 제외되고 이긴 팀끼리 계속 겨루는 토너먼트형이나, 모든 팀이 다 부른 후 등수를 정하는 선발형으로 진행되었어요. 하지만 〈쇼미더머니〉는 두 팀이 동시에 권투 시합장과 닮은 링 같은 곳에 올라가서 마치 랩으로 경기를 하는 것처럼 주거니 받거니 하면서 배틀을 했답니다.

배틀에서 상대의 랩 가사나 기세에 기가 꺾이거나, 랩으로 제대로 대적하지 못하면 집니다. 그래서 이기기 위해 상대방의 사생활을 들추고 비난하며 인신공격하거나 욕설을 쓰는 등 자극적인 가사를 사용한 참가자들이 문제가 되기도 했어요.

이센스: "니 옆의 랩 퇴물을 비롯해 나머진 XX들. 다 쓰자니 너무

아까운 내 볼펜."

개코: "맨 정신으로 만든 랩 반응 봐. 이 XX 약 XXX. XXX 검색 고

개 숙인 니 사진 봐. 약 XXX."

스윙스: "정신병 걸린 개 유다 XX. 너는 그냥 거기 있어."

이센스: "10억을 달라고? XXX XX. XXX XX. 니들 잘하는 언론 플

레이. 또 하겠지."

실제로 진행된 랩 배틀의 내용 일부입니다[16]. 심한 표현이 많지요? 랩 배틀에서는 랩을 만드는 실력으로 상대의 기세를 눌러 이겨야 하는데, 이기기 위해 실력이 아닌 다른 방법을 사용했기에 음악 팬들마저도 몹시 불편해했어요. 이것은 참가자들이 놀이 정신을 잃고 이기는데에만 지나치게 집착한 탓이라 할 수 있겠지요.

랩에만 배틀이 있는 것이 아니라 토론에도 배틀이 있어요. 2019년 국회에서 전국의 고등학생을 대상으로 토너먼트 형식의 찬반 토론 배틀을 벌여 최종 토론왕이 선발되었습니다[17]. 토론 배틀의 경우, 두 팀이 국제 디베이트[18] 규정에 따라 '입론(立論, 각자의 주장 설명)-반론(反論, 상대에게 반박)-교차토론-최종변론'의 순서로 진행합니다. 참가자들은 △학생 두발자유화 △자전거 헬멧 의무화 같은 일상생활에서 가져온 논제와, △연동형 비례대표제 시행 △최저임

16. 『JTBC』, 〈욕설 배틀로 전락한 힙합 배틀… 음악 팬들은 '불편해'〉, 2013.08.26
17. 『중부일보』, 〈'토론 배틀', '국회의장배 고교토론왕 시즌7' 개최〉, 2019.08.25
18. 디베이트(Debate) : 사전에 정해진 주장에 맞춰 역할을 미리 정하고 진행하는 토론

금 지역별 차등제 시행 △병역특례 존속 등 정치·경제·사회 분야를 넘나들며 다양한 논제로 토론을 펼쳤답니다.

이처럼 오늘날 힙합을 하는 사람들끼리 댄스나 랩 배틀을 하는 것도 경기의 형식을 띤 놀이이며, 블리자드 사의 〈디아블로(DIABLO)〉와 같은 실시간 전투 형식의 온라인 게임도 전쟁을 놀이로 재구성한 것이고, 토론 배틀도 법정 공방과 맞닿아 있는 놀이라고 할 수 있겠습니다.

03

놀이의 반대말은
무엇일까요?

여러분, 말놀이 중에는 어떤 단어의 반대말을 대는 놀이가 있지요. 성공의 반대는? 실패. 앞의 반대는? 뒤. 이런 식으로 반대말을 이어가는데, 반대말이 생각나지 않으면 엉겁결에 부정의 의미를 갖는 '안'을 아무렇게나 단어에 붙이게 되면서, 맞다 틀리다 하는 실랑이가 벌어지기도 합니다. 그럼 문제입니다. 놀이의 반대말은 무엇일까요? '일'일까요? 아니면 '안 노는 것'일까요?

독일의 유명한 놀이터 디자이너 귄터 벨치히는 저서 『놀이터 생각[19]』에서 말하기를 "재미없는 놀이는 일이지만, 재미있는 일은 놀이이다."라고 했습니다.

그렇게 본다면 놀이의 반대는 '일'이 아니라, '지겨움' 또는 '무력감'이라고 할 수 있겠네요. 놀이는 확실히 즐거움을 주는 활동이니까

....
19. 귄터 벨치히 지음, 엄양선·베버 남순 옮김, 『놀이터 생각』, 소나무, 2015

요. 그러나 지겨움이나 무력감, 즐거움과 같은 감정에 어떤 명확한 기준이 있는 것은 아닙니다. 똑같은 상황이라도 사람에 따라 다르게 느낄 수 있거든요. 예를 들어 책을 좋아하는 사람에게 독서는 즐거운 놀이겠지만, 책을 싫어하는 사람에게 독서는 지겨운 일이 돼요.

| 노벨상 수상자의 비법을 알아냈다 |

그렇다면 즐거움이란 무엇인지에 대해 이야기해볼까요? 미하이 칙센트미하이라는 학자는 『몰입 flow[20]』이라는 책에서 즐거움을 '몰입(Flow)'이라는 개념으로 설명했습니다. 여기서 몰입이란 어떤 것에 완전히 빠져들어 시간이 가는 줄도 모를 정도로 모든 주의를 집중하고 있는 상태를 말합니다.

그는 우리가 행위 그 자체가 목적인 활동을 마음에서부터 우러나와서 하게 된다면, 바로 그러한 순간에 몰입을 경험할 수 있다고 했어요. 그리고 그 결과가 우리의 삶을 창의적으로 변화시킬 수 있다는 것입니다. 또한 창의성에 대해서도 '개인이 가진 능력의 완전한 구현'이라고 정의합니다.

실제로 노벨상 수상자를 포함해 다양한 분야에서 창의적 성취를 거두어 세계적으로 활약하고 있는 100여 명의 인물과 나눈 인터뷰

....
20. 미하이 칙센트미하이 지음, 최인수 옮김, 『몰입 flow』, 한울림, 2004

가 책에 실려 있는데, 그 인터뷰에서도 그런 생각을 느낄 수 있었답니다.

사람들은 흔히 어마어마한 장비를 갖춘 연구실에서 큰 예산과 수많은 연구진이 뒷받침되어야 위대한 이론이 탄생할 수 있다고 생각합니다. 텔레비전이나 영화에서 연구실이 등장할 때도 그렇게 묘사하고 있지요. 그렇지만 과학의 획기적 발전은 그런 시설이 구비된 최첨단 연구실에서만 이루어진 것이 아닙니다. 물론 그런 설비와 지원은 새로운 이론을 시험하는 데 도움이 되겠지만, 창의적으로 사고하는 것과는 아무 관계가 없습니다.

새로운 발견은 골똘히 생각하기를 좋아하고, 그 과정에서 기존에 알려진 것을 뛰어넘은 사람에 의해서 이루어집니다. 그들은 이런 일들을 게임처럼 생각합니다. 자신이 새롭게 생각해낸 것을 실제로 결과로 도출하는 놀이로요.

노벨물리학상을 받은 폴 디랙이 1920년대에 양자역학을 발견한 후 "마치 아주 흥미로운 게임을 하는 것 같았습니다."라고 소감을 밝혔을 때, 수많은 과학자들이 그 말에 공감했다고 해요. 질량보존의 법칙을 발견한 사람으로 과학 교과서에도 등장하는 라부아지에는 국세청 공무원이었어요. 만유인력을 발견한 뉴턴도, 역병이 돌아 대학이 잠시 문을 닫게 되자 시골로 피신해 기다리던 상태에서 만유인력이란 대단한 아이디어를 떠올렸던 것입니다.

그는 외과 의사, 등반가, 화가, 무용수, 암벽등반가 등 서로 완전히 다른 활동을 하고 있는 사람들이라도 자신이 하는 일이 아주 잘 진행될 때 느끼는 기분에 대해 비슷하게 묘사한다는 사실을 발견했습니다. 이를 통해 즐거움을 구성하는 요소 여덟 가지도 찾아냈고요. 지금부터 이에 대해 설명하겠습니다.

| 즐겁게 몰입하기 위한 8가지 조건 |

첫 번째 조건은 본인이 완성시킬 가능성이 있는 과제여야 한다는 것입니다. 이때 '과제'는 기술을 요구하는 도전적인 활동을 의미합니다. 예를 들면 테니스를 친다거나 수영을 하는 것, 바둑이나 장기를 두는 것 등은 그 행위를 하려면 적절한 기술이 필요한 활동이에요. 이 기술은 스스로의 욕구에 따라 점점 더 발전시켜나갈 수 있습니다. 처음엔 팔을 휘저어 앞으로 나아가는 방식으로만 수영하던 사람도, 계속 배우다 보면 언젠가는 멋진 자세로 다이빙하고 접영도 하게 되겠지요.

그렇다고 기술이 곧 신체 활동만을 의미하는 것은 아닙니다. 독서 같은 정신 활동도 글을 읽는 기술이 필요하지요. 수학 문제 풀이에도 기술이 필요하며, 이 활동을 하며 즐거움을 느끼는 사람이 있습니다.

여러분 중에 수학을 좋아하지 않는 사람들은 왜 '놀이' 이야기에 수학이 나오는지 고개를 갸우뚱했겠지요? 수학 문제 풀이가 즐거운 놀이가 되려면 어떻게 해야 할까요? 아마 어느 정도 수학 문제

푸는 기술을 익힌 사람이, 자신이 풀 가능성이 있는 문제를 푼다면 즐거운 게임이 될 수 있을 거예요. 그러나 너무 어려운 문제나 지나치게 쉬운 문제를 반복적으로 풀게 하는 것은 지루함을 느끼는 지름길입니다.

여러분은 '수포자'라는 말을 알고 있나요? '수학을 포기한 자'라는 뜻의 줄임말입니다. 우리나라의 많은 학생들이 '수포자'가 되는 원인을 여기서 찾을 수 있습니다. 너무 어려운 문제를 풀어야 하는 경우도 많고, 지나치게 쉬운 문제도 건너뛰지 말고 풀어야 하며, 같은 문제를 반복해서 풀라고 강요당하기 때문에 당연히 수학에 흥미를 잃게 될 수밖에요.

혼자 하는 것보다 다른 사람과 함께 할 때 더 즐거운 활동이 될 수도 있는데, 이때도 기술을 사용할 필요가 생겨요. 다른 사람과 경쟁하는 상황도 도전정신을 키워줍니다. 다만, 경쟁도 자신의 기술을 완성하는 수단으로 삼을 때는 즐거운 것이 되지만, 상대방을 이기려는 마음만 너무 크면 즐겁기는커녕 오히려 스트레스가 되겠지요?

두 번째는 본인이 하고 있는 행위에 집중할 수 있어야 한다는 것입니다. 우리가 어떤 도전적인 과제를 해결하려면, 온전히 그 활동에 집중해야 해요. 그 결과 몰입이 일어나고, 완전히 몰입하면 자기 자신조차 잊게 됩니다.

그러나 그렇게 집중하려면 육체적·정신적 훈련이 필요합니다. 또한 번 수학 공부를 예로 들어볼까요? 문제를 풀다가 정신 차려 보니, 시간이 가는 줄 몰랐던 경우가 있어요. 수학 문제 푸는 데 온통 정신을 쏟아서 자신의 존재조차 의식하지 못했다는 말입니다. 그러나 그렇게 문제 풀이에 푹 빠지려면, 수학 공식에 대한 이해라는 사전 연습이 필요합니다. 그러면 수학은 더 이상 공부가 아니라 놀이가 되겠지요.

세 번째는 수행하는 과제에 대한 명확한 목표가 있어야 한다는 것입니다. 네 번째는 즉각적으로 피드백을 받을 수 있어야 한다는 것이에요.

명확한 목표가 없으면 그 일에 대한 회의가 생기고, 즉각적 피드백이 없으면 하는 일에 대한 의구심이 일어나서 그 일을 제대로 즐길 수 없어요. 피드백은 반드시 '어떤 말로 평가를 하는 것'을 의미하지는 않습니다. 단순히 내가 그 일을 '해냈다'라는 느낌도 중요한 피드백이 됩니다. 나는 그 일을 해냈으므로 성취감을 느끼고, 다음 번엔 더 어려운 도전을 향해 나설 것입니다. 그래서 성취감은 자아를 강하게 하며 자신감을 줍니다. 여러분이 수학 과목의 함수 단원에서 어려운 문제를 척척 풀었다면, 그다음 확률 단원도 잘할 수 있을 것이란 자신감이 생기고, 자연스럽게 새 단원에도 도전할 마음이 생겨나겠지요?

다섯 번째는 일상에 대한 걱정이나 좌절을 의식하지 않고 자연스럽고도 깊은 몰입 상태로 행동할 때 일어난다는 겁니다. 이때에는 마음에서 걱정이나 근심이 사라지고, 지금 하고 있는 일에만 집중하게 됩니다. 수학 문제를 푸는 동안 선생님께 꾸중 들었던 것, 엄마가 빨리 집으로 오라고 했던 것 따위는 잊고 오로지 수학 문제 풀이에만 몰입하는 거예요. 그러면 그 순간은 즐거움으로 가득 차겠지요.

여섯 번째는 자신의 행동을 스스로 통제하고 있다는 감각을 느끼게 해준다는 것이고요. 여러분은 암벽등반을 하는 사람들이 그렇게 위험한 활동을 하는 이유가 무엇이라고 생각하나요? 그 사람들이 위험을 즐기는 것처럼 보이나요? 사실, 그들은 위험을 최소화하는 자신의 능력을 즐기는 거랍니다. 암벽등반이란 그것을 못 하는 사람들에게는 엄청나게 위험한 일이지만, 암벽등반가들은 그 위험을 스스로 통제하면서 안전하게 등반할 수 있다고 느끼기 때문에 암벽에 올라요.

가끔 TV나 신문기사를 통해, 취미로 미적분 같은 어려운 수학 문제를 푼다는 사람들을 볼 수 있어요. 중국의 전 주석이었던 장쩌민도 인터뷰에서 그렇게 대답한 적이 있지요[21]. 수학을 잘 못하는 학생들은, 하기 싫은 수학 문제를 그 사람들이 왜 일부러 푸는지 궁금하겠지요? 수학을 좋아하는 학생들도 암벽등반가들처럼 유형별로 다양한 수학 공식을 잘 적용해서 풀어내는 자신의 능력을 느끼고 싶어서 어려운 수학 문제를 푼답니다.

일곱 번째는 자의식이 사라지는 것이라고 해요. 즉, 주변과 한 몸이 되는 듯한 느낌을 받는 것이지요.

예전에 저는 자전거를 잘 타는 사람에게 비법을 물어보았는데,

······················
21. 『조선비즈』, 〈기업 경영 전략 수립 최전방에서 수학이 활약할 것〉 2020.04.01

그때 들었던 대답이 몹시 인상적이었어요. "내 하체가 자전거라고 생각하라."더군요. 자전거와 내가 한 몸이 되면 자전거를 잘 탈 수 있다는 겁니다. 이른바 물아일체(物我一體)의 경지랍니다. 아마도 그 사람은 자전거를 탈 때마다 자전거와 한 몸이 되는 느낌을 가졌기에 그런 대답을 했을 테고, 그렇기 때문에 자전거 타기에 몰입해서 시간 가는 줄 모르게 탔겠지요? 자기 자신을 버리면서 자전거 그 자체가 되고, 그 순간을 최선을 다해 즐기게 되고, 그런 시간이 쌓이면서 자전거를 더 잘 타게 됩니다. 매일매일 실력이 느는 자신을 발견하면 그 성취감으로 자신감이 차오르고, 더욱 내면이 풍요로워질 테고요.

마지막으로 여덟 번째는 그런 경험이 지속되는 시간에는 시계로 측정하는 시간 개념과는 상관없는 순간을 느끼는 것이지요. 너무 재미있어서 시간이 훌쩍 지났다거나, 불과 1초 정도의 시간인데도 마치 몇 분처럼 정지된 느낌을 갖는 것을 의미합니다.

결국 즐거움을 느끼는 활동은 놀이에 가까우며, 이는 경험 자체에 목적이 있습니다. 그런 경험을 갖지 못하는 활동은 지루하고 무기력해질 수 있고, 지루하고 무기력한 것만 반복하는 사람의 인생은 행복하지 않겠지요.

04

좋아하되,
중독되지 않도록

"하라는 공부는 안 하고 게임만 하냐?"

이런 꾸짖음을 들어본 청소년들이 있을 겁니다. 그런 말을 하는 어른들은, 청소년들이 해야 할 일을 제때 하지 않고 그 시간에 다른 놀이를 하기 때문에 그러겠지요? 컴퓨터나 스마트폰으로 게임에 빠진 청소년 입장에서는, 잠시만 하려고 했는데 거기에 몰입하면서 시간 가는 줄 몰랐기 때문에 그런 나무람을 들었을 거예요.

중학교 기술 가정 교과서[22]에 '청소년의 자기 관리'라는 단원이 있습니다. 이 단원에서는 우리들이 욕구와 목표를 달성하기 위해 사용 가능한 생활 자원을 관리하고, 기회비용[23]을 고려하여 어떤 자원을 어떻게 활용할 것인지에 대한 계획을 세운 뒤, 이에 따라 우리

---

22. 이춘식 외 지음, 『중학교 기술 가정 교과서』, 천재, 2017, 95-101쪽
23. 기회비용 : 자원의 여러 가지 용도 중 하나를 선택했을 때, 포기한 나머지 것에서 얻을 수 있었던 잠재적 이익

에게 주어진 자원을 효율적으로 사용할 수 있도록 학습합니다. 생활 자원에는 여러 가지가 있겠으나, 교과서에서는 특히 시간 자원을 중심으로 다루고 있습니다. 그 이유는 시간은 노력하지 않아도 매일 새롭게 주어지기 때문에 그냥 흘러버리기 쉬우므로, 청소년기에 그 소중함을 인식하고 효율적으로 사용하는 방법을 익히라는 의미일 테지요.

이런 기술은 놀이에도 필요합니다. 아무리 인간의 삶에 놀이가 필요하다고 해도, 놀이만 하는 것은 시간 관리 측면에서 바람직하지 않아요. 시간은 한정된 자원이므로, 일과 놀이를 적절하게 배치해야 합니다.

| 행복한 삶의 첫걸음은 자기통제에서부터 |

그런 면에서 볼 때, 미국의 유명한 아동심리학자 데이비드 엘킨드가 행복하고 생산적인 삶을 위한 필수요소를 '사랑', '일', '놀이'라고 한 것은 매우 의미 있는 지적입니다. 엘킨드는 이 세 가지가 인간의 일생을 통틀어 사고와 행동을 강화시키는 선천적 원동력이라고 보았습니다. 좀 더 자세히 이야기해볼까요?

'사랑'은 욕망, 느낌, 감정 등을 표현하는 기질로 인간 내면을 조절하는 힘입니다. '일'은 물리적·사회적 세계가 요구하는 바에 적응하고자 하는 기질로, 자신을 외부 세계와 함께 조율하는 힘입니다. '놀이'는 자신의 세계에 적응하고 새로운 학습 경험을 창조하고 자 하는 욕구입니다. 이는 얼핏 일과 반대되는 기질처럼 보이나, 일 하는 것을 보완하며 더 나아가 새로운 일을 창조할 수 있는 밑바탕 이 되는 힘입니다[24].

그래서 그는 인간이 행복하고 생산적인 삶을 살려면 자신의 내면 을 조절하는 힘, 외부 세계와 조율하는 힘, 자신에게 적응하면서 새 로운 것을 창조하는 힘, 이 3박자가 갖추어져야 가능하다고 한 것 이겠지요.

그러나 놀이가 이렇게 삶에 도움이 되는 창조적 힘을 기르게 하 더라도, 스스로 통제하지 못하고 중독된다면 행복한 삶을 해치게 됩니다. 도박이나 술, 담배에 중독되는 사람들은 왜 그럴까요? 그 것은 바로, 앞에서 정리한 몰입이 주는 즐거움의 8가지 요소 중에 서 '자기 통제'가 불가능하기 때문입니다. 그때 사람들이 암벽등반 이나 카약처럼 위험해 보이는 스포츠를 놀이로써 즐기는 것은, 위 험한 상황을 스스로 통제하면서 안전하게 다룰 수 있다는 느낌을 갖기 때문이라고 했지요? 그리고 이런 도전을 통해 자신감을 얻으 며 자아는 점점 강해지지요. 그러나 도박이나 술, 담배 등에 중독되 는 것은 자신의 행위를 스스로 통제하지 못하고, 자아가 그 대상에 종속되는 것을 의미합니다.

도박, 술, 담배는 청소년 여러분에게는 좀 먼 이야기겠지요? 그렇

24. 데이비드 엘킨드 지음, 이주혜 옮김, 『놀이의 힘』, 한스미디어, 2008, 15쪽

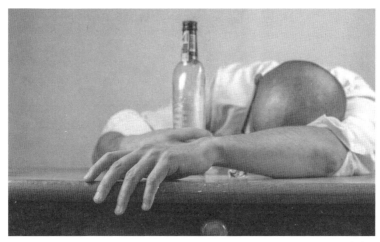
© pixabay

스스로를 통제하지 못하는 알코올 의존자
도박, 술, 담배에 중독된 사람들은 빠져나오려고 시도해도 자신의 의지대로 실천하지 못하고
실패를 거듭하는 동안, 무력감과 자기 비하에 빠지게 됩니다.

다면 스마트폰, TV, 만화 같은 대중매체는 어떨까요? 여러분은 그런 매체에 대한 욕망을 통제하지 못하고 계속 빠져 있었던 적 없나요? 화려한 영상을 보고 있을 때는 시간의 흐름도 못 느끼고 별다른 생각이 없을지도 몰라요. 그러나 그 시간이 지나고 일상으로 돌아왔을 때, 스스로를 통제하지 못하고 그런 것들에게 끌려다닌 자기 자신과 훌쩍 지나가버린 시간을 발견합니다. 그러면 상실감이나 허탈함을, 그리고 그것이 거듭되는 상황이라면 무력감마저 느끼게 되겠지요.

| 사랑에도 연습이 필요해 |

성(性)과 사랑도 같은 맥락에서 이야기해볼게요. 자신의 신체를 어떻게 통제하느냐에 따라 창조적인 활동으로 즐거움을 느낄 수 있지요. 상대방에게 좋은 감정을 느끼고, 사랑을 키우기 위해 끊임없이 관심을 갖고 감정을 표현하며, 마침내 서로 주고받는 손길을 통해서요. 하지만 시간이 지나면서 처음처럼 경이롭지 않고 지루하거나 싫증 날 수도 있고, 잘못하면 해로운 상황으로 흐르기도 합니다. 그러나 창조적으로 사랑을 만드는 사람은 상대에 대한 관심의 범위를 넓히며, 다양한 방법으로 서로의 사랑을 위해 끊임없이 즐거운 활동을 만들어갑니다.

하버드 대학에서 과학 박사 학위를 받은 프랭크 앤드류스 박사는 화학물리학에 대한 책도 여러 권 썼지만, 인간의 삶에 힘을 주는 원천과 기술이 사랑이라고 생각하고 『사랑의 연습[25]』이라는 책을 썼어요. 그는 사랑도 연습을 해야 하며, 그럴수록 능력이 커진다고 주장했습니다.

사람들은 흔히, 위대한 사랑이 원래부터 그렇게 생겨난 것이라고 생각하지요. 그러나 그는 사랑하는 방법을 아는 것도, 계속해서 깊이 사랑하는 것도 연습하고 익혀야 가능하다고 말합니다.

세상 사람들에겐 사랑에 대한 다소 오염된 통념이 있어요. '사랑

25. 프랭크 앤드류스 지음, 구승준 옮김, 『사랑의 연습』, 한문화, 2009, 17쪽, 23쪽, 40-66쪽

이란 특별한 대상에게 빠지는 것'이라든지, '사랑하는 상대방을 위해 자신을 희생해야 한다'라든지, '서로 말하지 않아도 통하는 사람이어야 사랑에 빠질 수 있다'라든지 말이에요. 고전 작품 『로미오와 줄리엣』처럼 서로 사랑한다면 함께 죽을 수도 있고, 영화 《타이타닉[26]》처럼 사랑하는 상대방을 위해 죽음도 달게 받아들일 수 있고, 영원히 서로만을 사랑하는 특별한 사랑이 따로 있다고 믿는 사람들이 많다는 것이지요.

청소년 여러분은 영화 《타이타닉》이 낯설 수도 있겠네요. 타이타닉호라는 대형 호화여객선이 침몰한 사고 이야기를 그린 재난 영화인데, 1997년에 이 영화가 상영되면서 레오나르도 디카프리오와 케이트 윈슬렛이라는 배우가 전 세계에 유명해졌지요. 지금도 연인들이 사랑하는 순간을 표현할 때 이 영화의 유명한 장면을 패러디한답니다. 뱃머리에 팔을 벌리고 서 있는 여자의 뒤에서 그 허리를 안은 남자가, 여자에게 안전하게 바다와 바람과 자유를 느끼도록 해주는 그 장면은 아마 여러분도 봤을지 모르겠네요.

침몰하는 배 속에서 사랑하는 여자를 살리기 위해 남자 주인공이 자신의 목숨을 버리는 《타이타닉》의 결말은 많은 사람들에게 감동을 주었습니다. 그러나 자기 목숨을 바쳐 상대의 목숨을 구한 《타이타닉》의 주인공들이라도 아무런 노력 없이 첫눈에 반한 그대로, 80살이 넘은 할머니와 할아버지가 되어서도 계속 그렇게 사랑할 수

....
26. 《타이타닉(Titanic)》, 제임스 카메론 감독, 1997

사랑의 유효기간은 3년도 못 가

미국 코넬 대학교 인간행동연구소의 신디아 하잔 교수가 이끄는 팀은 2년여 동안 5천 명의 남녀를 인터뷰한 결과, 남녀 사이 뜨거운 사랑의 유효기간은 18~30개월이라고 했습니다. 서로 아무리 사랑해도, 그 사랑은 3년도 안 되어 사라진다는 것입니다. 그렇다면 영원히 사랑할 수 있는 힘은 서로에 대해 끊임없이 관심을 넓히고, 함께할 수 있는 것을 만들어가는 노력으로 계속 애정을 연장시켜가는 태도에서 나오겠지요.

있을까요?

그런 사랑이 영원히 가능하려면 사랑에 대한 통념을 깨는 연습이 필요하며, 그 연습은 상대에게 집착하거나 일방적으로 요구하는 것이 아닙니다. 상대에 대해 끊임없이 관심을 갖고, 관심의 범위를 확장하고, 자신을 깊이 이해하고, 상대를 받아들이는 노력을 계속해야만 영원한 사랑이 완성되겠지요.

| '단짠'에 홀린 음식 중독 |

먹는 행위도 마찬가지입니다. 여러분 중에도 음식을 잘 먹거나 많이 먹는 친구가 있지요? 하지만 그렇다고 해서 미식가로 인정받지는 않잖아요? 음식을 즐기기 위해서는 음식에 관심을 가지고, 공부하고 찾고 깨닫고 발견하는 노력이 동반되어야 합니다.

자크 라캉이라는 프랑스의 정신분석학자이자 정신과 의사가 이런 말을 했어요. "인간은 타인의 욕망을 욕망한다[27]." 즉, 내가 원하는 것은 사실 내가 아니라 다른 사람들이 원하는 것이란 뜻이죠. 내가 예뻐지고 싶어 하는 것, 날씬해지고 싶어 하는 것, 맛있다고 생각해서 먹고 싶어 하는 것은 사실 다른 사람들이 원하니까 나도 원한다는 말이에요. 이 말은 나의 욕망을 다른 사람들이 조정할 수 있다는 의미도 되지요. 현대사회에 비추어보면 자본가들은 돈을 벌기 위해 끊임없이 광고와 같은 대중매체로 욕망을 만들고, 그것을 위해 소비하도록 사람들을 꾈 수 있다는 것입니다.

새로 나온 햄버거, 피자, 치킨 등을 소개하는 광고. 맛집을 알려주는 SNS나 블로그의 화려한 사진과 입담. 잡지 등에서 기사처럼 만들어 보여주는 음식점의 간접 광고. 텔레비전 프로그램의 먹방 시리즈. 이런 것들이 진정 나의 욕구일까요, 아니면 거대한 기업들의 돈벌이 추구를 위한 광고 전쟁으로 만들어진 타인의 욕구일까

....
27. 자크 라캉 지음, 홍준기 외 옮김, 『에크리』, 새물결, 2019, 213쪽

요? 이런 것들에게 현혹되지 않으려면 좋은 음식은 어떤 것인지 공부하고, 꾸준히 먹어보고, 느껴봐야 해요.

신토불이(身土不二)라는 말이 있지요? 몸과 땅은 하나이므로 자기가 사는 땅에서 난 것을 먹어야 한다는 뜻입니다. 이 말은 단순히 내가 살고 있는 땅에서 생산된 것이면 다 좋다는 말이 아니라고 생각해요. 여러분은 어떻게 생각하세요? 내 몸과 땅이 하나이므로, 제철에 생산된 음식을 되도록 화학적인 가공을 하지 말고 먹으라는 의미로 다가오지 않나요?

장거리 운송 없이 내가 사는 지역에서 생산된 농산물을 가리키는 로컬 푸드(Local food)라는 서양 말의 의미도 비슷하다고 생각합니다. 멀리서 오는 농산물은 썩지 않게 하려고 방부 처리를 할 테니까요. 그리고 제철이 아닌 것을 먹으려면 온실을 이용해야겠지요.

'온실에서 자란 화초'라는 말 들어보셨지요? 힘없이 유약한 사람, 남의 도움 없이는 혼자 어떤 일을 할 수 없는 사람을 의미해요. 왜 이런 비유를 했을까요? 자연 속에서 비바람을 견디며 생명력을 키워온 식재료는 그 속에 자연의 생명력을 품고 있어요. 음식을 먹는다는 것은 그 생명력까지 섭취한다는 의미입니다. 그런데 온실에서 자란 식물들에겐 강한 생명력이 없겠지요?

여기서 조금 더 나아가면 이 식재료들이 자연의 생명력을 빨아들인 뿌리, 거친 환경을 버티기 위한 껍질, 오롯한 생명의 세상을 가지고 있는 씨앗까지 먹는다면 자연을 송두리째 우리 몸속으로 섭취하는 것이라고 볼 수 있습니다. 껍질을 까지 않은 감자와 고구마,

흰쌀보다 덜 도정한 현미 같은 곡물들, 껍질째 먹는 과일들, 뿌리째 먹는 채소들 같은 것 말이에요.

대부분 뿌리, 껍질, 씨앗은 거친 음식이라 입에 맞지 않겠지요. 그렇지만 꾸준히 먹다 보면 그것들의 참맛을 느낄 수 있답니다. 나중에는 뿌리나 껍질을 제거하면 싱겁다고 느끼게 될 거예요. 그렇게 되기까지에는 많은 노력이 필요하겠지만요.

음식의 맛을 제대로 느끼고 즐기는 미식의 차원이 아니라 지나친 몰입, 즉 중독으로 넘어가는 순간에 몸은 음식을 지나치게 많이 먹어서 생기는 병으로 망가지게 됩니다.

모든 정신적 중독은 뇌의 보상 체계에 문제가 생겼을 때 발생합니다. 알코올 중독이나 마약 중독에 대해 앞에서 잠깐 이야기했지요? 사실 이런 중독은 단순한 의지의 문제가 아닙니다. 그런 것을 먹고 쾌락을 맛본 뇌가, 보상 체계를 계속 작동시켜 습관적으로 섭취하게 되는 거예요.

음식 중독을 병으로 볼 것인지는 아직 연구 중에 있지만, 이것은 알코올 중독이나 마약 중독과는 성격이 다른 중독입니다. 왜냐하면 알코올이나 마약은 끊어도 살 수는 있지만, 음식은 끊으면 죽기 때문이에요.

그러면 여러분, 우리 한국인들은 매일 밥과 김치를 먹는데 그것도 중독이 아닌가 하는 생각을 하진 않았나요? 그것은 중독이 아니라 취향에 따른 선호입니다. 중독되는 음식은 따로 있어요.

뇌의 보상 시스템을 자극해서 다시 찾게 되는 강한 맛을 지닌

© pixabay

음식을 담는 모습
먹는 행위도 신체적 기술과 관련된 즐거움입니다. 우리가 통제할 수 있어야 큰 즐거움이 될 수 있거든요. 우리는 몸을 통해서 다른 사람 또는 세상과 접촉합니다. 그래서 우리의 몸은 신체적 감각을 사용할 때 긍정적 느낌을 일으켜, 우리 몸 전체가 아름답게 조화를 이루도록 진화되어왔습니다. 음식을 먹는 행위도 우리의 미각을 끊임없이 발전시켜가는 일입니다. 다양한 음식을 섭취하고, 폭식하지 않으며, 중독이 아닌 즐거움을 느끼는 방향으로 기술을 발전시키는 것은 어떨까요?

음식을 습관적으로 먹고 있다면, 음식 중독이라고 할 수 있겠네요. 『음식중독』이라는 책에서는 이 경우, 밥을 즐겨 먹는 것과 구별하기 위해 '쾌미'를 위해 먹는다는 말로 달리 표현합니다[28]. 이 말은 중독성 있는 음식을 쾌락을 위해 먹는다는 의미로 해석하면 되겠고요.

음식중독은 결과적으로 비만을 낳습니다. 『과식의 종말』을 쓴 데이비드 케슬러 박사는 쾌미를 느끼는 맛을 일컬어 당류, 지방, 소금의 절묘한 조합이라 했습니다. 이것이 뇌를 자극해서 입맛을 돋

....
28. 박용우 지음, 『음식중독』, 김영사, 2014, 72쪽-73쪽

우는 맛을 만듭니다[29]. 이런 맛을 즐기는 것이 습관이 되면 비만에 걸려요. 먹방을 볼 때 '단짠'이란 말을 들은 적 있나요? 흔히들 단맛과 짠맛, '단짠'의 조합이 질리지 않아 계속 먹을 수 있고 맛있다고 이야기하지요. 그러나 이 맛은 자칫하면 통제력을 잃고 음식에 탐닉하게 되는 단계까지 사람을 끌고 가기 십상입니다. 사랑도 지나치면 집착이 되고, 스토킹이라는 범죄로까지 이어지는 것처럼요. 우리는 이것을 알면서도 못 끊고요.

음식도 제대로 즐기기 위해서는 음식 맛을 제대로 느낄 수 있게 꾸준한 연습이 필요하고, 그 연습으로 만들어진 기술이 있어야 합니다. 지나친 맛, 자극적인 맛이 아닌 자연의 맛을 제대로 느끼려면 꾸준히 건강한 음식을 먹어보고 느껴보아야 자극적인 음식과 차이를 실감할 수 있으며, 나중에는 일부러 그런 것들을 찾아 즐기게 됩니다. 그 결과는 건강하고 튼튼한 몸이겠지요.

| 중독이 뇌를 망가트린다고? |

일도 지나치게 열심히 하면 워커홀릭(Workaholic)이 됩니다. 이 말은 미국의 경제학자인 W. 오츠가 쓴 『워커홀릭』이란 책에서 처음 등장했고, 현대 산업사회에서 자신의 모든 가치 기준을 일에 두고 있

....
29. 박용우 지음, 『음식중독』, 김영사, 2014, 85쪽

는 사람들을 일컫는 말입니다[30]. 이런 워커홀릭들은 업무를 최우선에 두고, 인간관계나 가족, 놀이, 사랑 같은 것은 무시해도 괜찮은 것이라고 생각합니다. 우리나라 말로 풀이하자면 '일 중독자' 정도겠네요. '중독(Holic)'이라고까지 표현한 이유는 단순히 열심히 일을 하는 사람이 아니라, 일에서 헤어나오지 못하는 병에 걸린 환자 같다는 풍자적 의미를 담은 것 아닐까요?

이렇듯 사랑도, 먹는 것도, 일도 그 자체는 오히려 바람직한 것들이지만 너무 지나치면 중독이 되고 병처럼 고쳐야 할 증상이 됩니다. 스마트폰이나 컴퓨터로 하는 게임 같은 것도 마찬가지예요. 여러분 스스로 통제하지 못하고 중독된다면, 고쳐야 할 행동이 되는 것이랍니다.

이 과정은 뇌과학으로 설명할 수 있어요. 좋아하는 것을 하면서 즐거움을 느낄 때, 뇌에서 분비되는 도파민의 수치가 올라간답니다. 즐겁게 놀이를 할 때, 달리기를 하면서 기분이 좋을 때, 성행위를 할 때, 마약이나 쇼핑을 할 때 도파민이라는 물질이 많이 나오며 행복감을 주어요. 그런데 즐거움을 느끼는 경우와 중독이 되는 경우, 뇌에서 도파민이 분비되는 모습이 서로 다르다는 것을 과학자들은 알게 되었습니다. 어떤 것을 좋아하는 것과 통제할 수 없을 정도로 강하게 원하는 것은 전혀 다른 문제라는 것이에요. 즉, 즐겁기만 한 상태일 때는 '좋아하는 것'이며, 원하는 쪽으로 강하게 기울어서 통

....
30. 매일경제 편, 『2002 경제신어사전』, 매일경제신문사, 2001, 567쪽

제가 불가능할 때는 '중독'이라 한답니다.

사람들은 즐거움을 비롯하여 흥분을 느낄 때 도파민이 분비되는데, 쾌락과 고통은 분비된 도파민을 뇌의 측좌핵이라는 부위로 보내면서 주의력을 각성시킨답니다. 이것은 뇌가 긴장해서 생존에 필요한 행동을 취하라고 명령하는 것이에요. 이런 명령은 그 행동이 지속될수록 뇌의 시냅스[31] 연결망을 강해지게 합니다. 그러면서 다른 자극에 대한 연결망은 점차 미약해져요.

그로 인해 중독된 것에 대해서만 욕망이 강렬해지면서 자기 통제나 의욕, 기억력이 저하된답니다. 마약이나 정크푸드[32], 담배, 성행위, 탄수화물, 쇼핑, 게임, 도박과 같은 것들이 중독되기 쉬운 것들이에요. 이들은 뇌가 원하는 것이 습관이 되어 반복되는 행동을 억제하지 못해 생기는 일들이랍니다[33]. 당연히 이런 것들이 정신적 성장을 일으킨다든가, 자아에 자신감을 불어넣어 주지는 않겠지요.

쾌락의 경험이 마음속 깊은 곳에서부터 즐거움을 주거나 이를 통해 자아가 성장한다는 느낌을 줄 수 없는 것은 어째서일까요? 그것은 착각하는 뇌의 명령을 몸이 계속 수행하려고 하므로, 자신을 통제 못하는 결과를 가져오기 때문이에요. 그래서 더 나은 방향으로

---

31. 시냅스(Synapse) : 신경세포가 다른 신경세포와 만나는 부위이며, 한 신경세포에 있는 흥분이 이 곳을 통해 다음 신경세포에 전달됨
32. 정크푸드(Junk food) : 패스트푸드나 인스턴트식품. 열량은 높지만 영양가는 낮아 쓰레기(Junk)처럼 건강에 해를 끼칠 수 있는 식품
33. 존 레이티, 에릭 헤이거먼 지음, 이상헌 옮김, 『운동화 신은 뇌』, 녹색지팡이, 2009, 225-228쪽

발전하려는 도전 욕구를 불러일으키기 힘듭니다. 게다가 중독되기도 쉬워서, 빠져나오고 싶어도 자신의 통제를 벗어나 끌려다니는 느낌을 받기에 심지어 무력감까지 느끼게 됩니다.

자, 그렇다면 여러분이 진정한 즐거움과 몰입감을 느끼려면 어떻게 해야 할까요? 그것은 바로 현재 상태에서 노력을 기울여 발전하는 모습과 더불어, 자신이 성장하고 있다는 것을 스스로 실감하는 데서 옵니다. 그렇게 만족감을 느낀 여러분은 스스로를 더욱 더 발전시키면서 그 과정에서 창조적 경험을 겪게 되겠지요.

05 특효약 '놀이'를 처방합니다

누구나 살다 보면 참을 수 없는 외로움을 느낄 때가 있어요. 그래서 사람들은 도피하기 위해 친구, 영화, 컴퓨터 게임, 심지어는 약물처방 등과 같은 여러 가지 임시방편의 해결책을 찾습니다. 그렇지만 인생에서 성공했다는 말을 듣는 사람들은 외로움에서 도피하지 않고 그 시간을 활용한 사람들이에요.

여러분은 실뜨기 놀이를 해본 적 있지요? 보통 서로 실을 주고받으며 하는 놀이지만, 그중에는 혼자 하는 실뜨기도 있어요. 혼자서도 에펠탑, 안경, 쌍별 등의 모양을 만들 수 있습니다. 혼자 하는 실뜨기는 누가, 왜 만들었을까요? 아마도 이것은 혼자 있는 외로움을 견디고, 즐기기 위해 만든 놀이가 아니었을까요?

외로움을 느낄 때 그것을 피하려고만 노력한다면, 그 노력에서 오는 부작용도 있을 테지요. 친구를 만난다면 친구의 상황에 따라 내 상황이 구속될 것이고, 영화를 본다면 비용이 들겠지요. 약물로 해결했다면 약물 중독이 올 수도 있고요. 하지만 외로움을 즐길 수 있다면, 새로운 삶의 기술을 습득하는 셈입니다. 그리고 이러한 자세 역시 놀이를 통해 배울 수 있답니다.

| 가치가 없기에 가치 있는 것 |

앞에서 놀이를 학문으로서 연구한 최초의 학자, 하위징아에 대해 이야기했어요. 이번에는 하위징아보다 '놀이'라는 개념에 집중해서 잘 정리해놓은 사람 이야기를 할게요. 바로 프랑스의 사회학자인 로제 카이와입니다.

카이와가 내린 정의는 그보다 앞서 놀이에 대해 정의한 사람들보다 체계적이고 세분화되어서, 놀이 연구에 있어서 큰 발전을 이끌었습니다. 그러나 놀이에 대한 정의는 본질적으로 변하지 않았어요.

그 역시 놀이를 '일상의 행위와 상관없는 자발적인 행동'으로 정의했습니다. 『놀이와 인간』이라는 책을 쓴 그는 서문에서 놀이에 대해 "노동과 반대되는, 낭비되는 시간"이라고 했어요[34].

즉, 놀이는 아무것도 생산하지 않으면서 업적도 만들지 못하고, 늘 시작할 때마다 0의 상태에서 새롭게 출발하는 것입니다. 더 쉽게 말해볼까요? 놀이는 일하는 것이 아니기 때문에 돈도 되지 않고,

....
34. 로제 카이와 지음, 이상률 옮김, 『놀이와 인간』, 문예출판사, 2002, 9-10쪽

그것을 잘하거나 계속한다고 해서 일상생활에서 업적이 남는 것도 아닙니다.

놀이는 대가나 보상이 없어 가치를 떨어뜨리지만, 바로 그 이유 때문에 거꾸로 가치를 갖습니다. 대가가 없기에 사람들은 가벼운 마음으로 놀이에 몰두할 수 있고, 일과 별개의 특별한 것으로 여깁니다. 아무런 보상을 받지 못하는 활동이기 때문에 현실, 특히 '일'과 분리되지만, 그렇기 때문에 사람들은 가벼운 마음으로 놀이에 참여할 수 있으며 그 과정에서 몰입하게 된다는 것입니다.

카이와의 이 말은, 우리가 지금도 즐기고 있으며 오래전부터 전해 내려왔던 놀이들을 가지고 생각해보면 이해될 거예요. 예를 들면 고무줄놀이나 공기놀이, 비석치기 등이요. 우리가 그것을 한다고 해서 어떤 물질적인 이익이 생기는 것이 아니며, 그 활동 자체가 생산적이지도 않아요.

여러분은 그 놀이들을 하고 싶지 않으면 하지 않아도 되고, 하고 싶으면 하면 돼요. 놀이는 누가 하라고 시켜서가 아니라 재미있기 때문에 하고, 놀이하는 동안 거기에 빠져 다른 생각을 하지 않고 놉니다. 그러다가 놀이가 한 차례 끝나면 모든 상황도 끝나고 원래대로 돌아옵니다. 그리고 다시 시작할 때, 새롭게 편을 짜거나 누구부터 시작할지 순서를 정하는 등의 활동을 하면서 놀이가 전개되는 것이지요.

| 금 밟고 죽어봐야 희망을 배운다 |

로제 카이와는 하위징아가 정리했던 놀이의 개념을 보다 구체적으로 정의합니다. 그는 놀이를 ① 자유로운 활동 ② 분리된 활동 ③ 확정되어 있지 않은 활동 ④ 비생산적 활동 ⑤ 규칙이 있는 활동 ⑥ 허구적 활동이라 했습니다. 하나씩 차근차근 살펴볼까요?

놀이는 자유로운 활동이에요. 강요당해서 하게 되면 즐거움을 잃어버리거든요. 흔히 공포 영화에서 다루는 상황을 떠올려보세요. 강요당한 놀이를 소재로 한 게 많지 않나요?

공포 영화 속에서 여름 별장에 가서 놀던 등장인물들은 처음에는 개인의 자유로운 참여가 보장된 게임 같은 상황에 놓입니다. 그러나 상황이 전개되면서 참여할 권리나 참여하지 않을 권리를 빼앗기고, 모두 다 죽을 때까지 그 행동을 강요당하게 되지요. 그 순간부터 즐거움은 공포로 변합니다.

술래잡기나 숨긴 물건 찾기에 자발적으로 참여한다면 그것은 즐거운 놀이가 돼요. 하지만 반드시 누구를 잡아야 한다거나, 어떤 물건이나 사람을 찾아야 한다거나, 어떤 문제를 풀어야만 살아남을 수 있다는 설정이 더해진, 생존을 담보로 한 강요된 참여는 스릴러 영화의 공식이에요. 이런 공식으로 강요된 참여는 싫증을 넘어 공포감마저 느끼게 합니다.

놀이는 일상에서 분리된 활동이에요. 놀이에는 처음부터 공간과 시간의 범위가 명확하게 정해져 있습니다. 병원놀이를 하는 공간에서만 환자와 의사의 역할을 하며 노는 것이지, 그 공간을 떠나서까지 역할이 지속되는 것은 아니잖아요?

사방치기 놀이 공간도 땅바닥에 그려진 사방치기 공간에 한정되어 있어요. 그 공간을 벗어나면 패배하거나, 더는 놀이를 하지 않겠다는 의사로 받아들여집니다. 놀이 시간도 상대편이 질 때까지로 시간이 정해져 있으며, 놀이에 참여하는 사람들이 하고 싶은 만큼만 놀이합니다.

놀이는 확정되지 않은 활동이에요. 놀이의 결과가 미리 정해져 있다면 아무도 놀고 싶지 않을 거예요. 여러분이라면 누가 이길지 미리 알고 있는 카드놀이, 하고 싶나요? 도박을 하는 사람들도 결과가 정해져 있지 않기 때문에, 돈을 걸고 게임을 합니다.

자, 도박에서 이길 확률을 수학적으로 따져볼까요? 미국 라스베이거스의 카지노에서 룰렛 게임을 한다고 상상해봅시다. 룰렛 게임을 할 때 손님은 1부터 36까지 둘로 나뉜 검은색 숫자와 빨간색 숫자 중 하나를 골라 돈을 걸어요. 얼핏 보면 둘 중 하나의 확률이니 카지노에서 게임을 진행하는 딜러도 50%, 손님도 50%의 확률로 공평하게 이길 수 있는 것처럼 보입니다.

하지만 숫자 '0'이 검은색도 빨간색도 아닌 형태로 룰렛에 존재하며, 0이 나오는 결과에 걸고 싶다면 색깔이 아니라 0에만 따로 돈을 걸어야 합니다. 18개의 숫자 대신 1개의 숫자에요. 그런 낮은 확률을 선택하고 싶은 사람은 별로 없을 거예요. 그래서 대부분의 손님들은 두 가지 색 중 하나를 선택합니다.

그러면 룰렛에서 0이 나올 37분의 1 확률만큼 손님에게 더 불리하고, 카지노의 딜러에게 더 유리하겠지요. 이것이 바로 하우스 에지(House edge)라는 룰이에요. 카지노 시설을 세우려고 투자한 시설비를 보존하겠다는 명목으로 존재하는, 카지노 측에 조금 더 유리한 승률입니다.

다른 게임도 카지노 안에서 게임을 하는 사람 하나하나의 승률에 관계없이, 카지노의 딜러가 조금씩 더 유리하도록 게임 자체의 승률이 정해져 있어요. 그럼에도 불구하고 사람들이 카지노에 가서 게임을 즐기는 이유는, 비록 전체 승률은 정해져 있으나 각 게임의 결과는 확정되지 않았기 때문입니다. 자신이 돈을 딸 수 있다는 기대감을 갖고 카지노에서 도박을 즐기는 거예요.

'짜고 치는 고스톱'이라는 말이 있지요. 해서는 안 되는 상황의 사전공모를 비난할 때 주로 쓰는 말입니다. 고스톱은 도박 중에도 비교적 거는 돈이 낮으며, 친척이 모이는 명절날에 어린아이들도 놀이로 할 수 있어요. 그런 고스톱에서 속임수를 써봤자 누구에게 별로 해를 끼치는 것도 아닌데, 왜 이런 비유에 쓰일까요? 왜냐하면 놀이의 원칙을 어기고, 누가 이길 것인지 결과를 조작하는 것이기 때문입니다. 미리 누가 이길지 계획하고 진행하는 게임은 비난받기 마련이에요.

놀이는 규칙이 있는 활동이며, 놀이마다 지켜야 하는 약속이 있습니다. 놀이의 규칙은 일상의 법규와 다르며, 놀이하는 중에 일상의 법규는 사라지고 이 약속만 존재합니다. 또한 놀이를 진행하는 동안 기존 놀이 규칙을 불편하게 느꼈다면, 놀이하기 편하도록 구성원끼리 새롭게 약속을 정하기도 합니다. 그렇지만 그 구성원과의 놀이가 끝나고 다른 구성원과 놀게 되면, 다시 원래의 놀이 규칙으로 돌아오겠지요.

놀이 규칙의 예를 들어볼까요? 오징어 놀이나 동서남북 놀이처럼 바닥에 금을 긋고 하는 놀이들, 알고 있지요? '바닥의 금을 밟으면 죽는 것'이 규칙이었잖아요.

이런 것들은 일상과 다른 비현실의 활동, 허구의 활동입니다. 내가 금을 밟아서 '죽는 것'은 생명이 끊기는 것이 아니라, 그 놀이에서 패배하고 잠시 소외된다는 의미예요.

그러나 이것은 현실에서 아주 소중한 경험입니다. 놀이에서 '죽어서' 놀이판을 벗어나는 행위와, 현실에서 '죽어서' 현실을 벗어나는 것은 그렇게 다르지 않아요. 벗어난다는 것은 일이 벌어지는 상황에서 존재가 소멸하는 것을 의미합니다. 자신의 존재가 거부당하는 상황을 놀이가 아닌 현실에서 경험하는 것은 끔찍한 일이에요. 왕따가 바로 그렇습니다. 현실에서 자신의 존재 자체를 무시당하는 취급을 받자, 결국 자살을 선택해 스스로 세상에서 사라지는 청소년들도 있어요.

놀이에서 '죽는 것'을 많이 경험해본 아이들은 어떻게 하면 '살 것'인지에 대한 고민과 경험, 시도를 끊임없이 할 것입니다. 놀이를 하면서요.

놀이판에서 '죽어서' 소외되었을 때 외로움과 기다림의 고통을 경험했기 때문에, '죽지' 않으려고 무한히 노력합니다. 그리고 '죽을' 때마다 좌절을 경험하고, 다시 놀이가 시작되면서 '부활'을 경험합니다. 놀이판에서 겪는 좌절과 부활의 반복은, 실제 현실에서의 좌절도 극복할 수 있도록 마음을 튼튼하게 해주는 힘으로 작용할 거예요. 나는 지금 패배했고 소외당하고 있지만, 조금만 기다리면 다시 부활해 도전할 수 있고, 이번에는 이길지도 몰라요.

자라면서 한 번도 좌절해보지 않은 사람이 사회에 나가 처음으로 좌절을 경험할 때, 얼마나 견디기 힘들까요? "놀이를 하면 몸뿐만 아니라 마음도 건강해진다."라는 말은 놀이를 통해 좌절이라는 위험에 대한 마음의 백신을 맞는다는 의미이기도 합니다.

"관짝소년단"

장례식에서 관을 어깨에 멘 흑인 남성들이 흥겹게 춤을 추는 영상을 여러분도 본 적 있을 거예요. 국내에서는 유명 아이돌그룹 이름을 패러디한 '관짝소년단'으로 잘 알려져 있습니다.

아프리카 가나에는 편안히 수명을 다한 고인을 즐겁게 보낸다는 의미로 음악을 틀고 춤추는 장례식이 있는데, 그때 댄서로 일하는 사람들의 모습을 영국 BBC 방송국에서 촬영한 것이 원본 영상입니다. 이 영상은 실수로 망신을 당하거나 다음 순간 크게 다쳤을 법한 아찔한 영상들의 뒤에 개그요소로 합성되며, 세계적으로 유행하기 시작했습니다.

다른 호칭인 '관짝밈'에서 '밈(Meme)'은 우리에게는 조금 낯선 단어입니다. 이 말은 진화생물학자 리처드 도킨스의 책 『이기적 유전자』에서 처음 등장한 단어로, 모방을 통해 뇌에서 뇌로 전달되는 최소 단위의 문화요소를 뜻합니다. 마치 유전자가 몸에서 몸으로 옮겨가며 진화하는 것처럼요. 그래서 '흉내 내다(그리스어 Mimeme)'라는 의미를 담고 '유전자(Gene)'와 비슷한 발음이 되도록 만들었습니다.

그러다 영미권 인터넷 커뮤니티에서 재미를 주기 위해 퍼지는 그림, 사진, 영상, 유행어 등을 '밈' 또는 '인터넷 밈'으로 부르며 '인터넷에서 유행하는 문화요소나 콘텐츠'라는 의미를 띠었지요. 우리로 치면 '(합성의) 필수요소'니 '짤방'과 비슷하지만, '밈'은 동영상이나 사회현상까지 더 넓은 범위를 포함합니다. 그렇게 21세기의 새로운 놀이문화가 열렸습니다.

놀이에도
필수요소가 있다

"이게 없으면 놀이가 아니지!"

왜 우리는 놀고 싶을까요? 노는 것과 아무것도 안 하고 그냥 뒹굴거리는 것의 차이점은 무엇일까요? 요즘 캠핑에서는 타는 장작불을 넋 놓고 바라보는 '불멍 때리기'라는 것을 합니다. 그런 것도 놀이일까요?

도박은 나쁜 짓이라고 금지하면서도, 국가는 왜 '로또' 같은 복권을 통한 도박놀이를 내버려두는 걸까요? 만약 국가가 '로또'를 금지하면 그런 놀이는 사라질까요, 아니면 누군가가 몰래 계속할까요?

도대체 놀이가 가신 어떤 속성이 우리를 놀이의 세계로 유혹하는 것일까요? 그리고 그 유혹은 중독과 어떻게 다른 것일까요? 노는 것을 좋지 않게 여기면서 한편으로는 "잘 놀아야 잘 큰다.", "잘 노는 사람이 공부도 잘한다." 같은 말이 나오는 것은 어째서일까요? 특히 창의력에 대해 말할 때, 놀이와 긴밀하게 연결 짓는 이유는 무엇일까요?

사람들은 왜
놀고 싶어 할까요?

앞서 정리한 바처럼 놀이는 현실과 동떨어지며, 이익을 남기지 못하고, 늘 새롭게 시작되는 도돌이표 같은 것입니다. 그래서 심리학이나 정신분석학, 행동심리학, 뇌과학처럼 인간의 행동이나 심리, 정신, 뇌 등의 분야에 대한 연구는 많지만, 놀이를 학문으로서 고찰한 연구는 드물었어요.

그럼에도 불구하고, 하위징아나 카이와처럼 놀이에 중요한 의미를 부여하고 연구한 학자들도 있었지요. 독일의 철학자 노르베르트 볼츠[1]도 놀이를 연구하고 『놀이하는 인간』이라는 책을 썼어요. 그 책에서 볼츠는 "놀이는 분명한 목표를 가진다."라고 했습니다. 이 목표는 자기 내부에 존재하는 것이기 때문에, 외부에서 보는 사람들은 단순히 쓸데없는 짓을 하는 것으로 오해하기 마련입니다.

....
1. 노르베르트 볼츠 지음, 윤종석 외 옮김, 『놀이하는 인간』, 문예출판사, 2017, 50-51쪽

이는 '자아실현의 욕구'와도 통한다고 볼 수 있어요. 자아실현의 욕구란, 매슬로우라는 학자가 구분한 인간의 5단계 욕구 중 가장 높은 차원의 욕구이며 내적 성장을 추구하는 것입니다. 다만 그것이 놀이의 세계에서 자아실현을 하는 것이기 때문에, 놀이 밖 세상에서 인정받지 못할 뿐이지요. 그렇지만 놀이하는 집단에서는 충분히 의미가 있고 인정을 받으며, 당사자에게 즐거움과 기쁨을 줍니다.

철학자 임마누엘 칸트는 『판단력 비판』에서 이러한 상태를 의미 있게 표현했습니다. "놀이는 유용하다. 왜냐하면 놀이는 '기분의 만족 상태'를 촉진하기 때문이다."라고요.

이 말을 풀이하자면, 놀이를 하면 사람들의 기분이 좋아진다는 것입니다. 기분이 좋아진다는 것은 감정의 상태를 건강하게 유지할 수 있다는 뜻이겠지요? 기분 좋은 상태를 느끼지 못하는 것은 우울증 같은 병이니까요. 사람들은 놀이를 하면서 기분 좋은 상태를 경험하고, 그 경험은 놀이 밖의 세상을 살아갈 때 정신적 건강함을 유지할 수 있게 해주겠지요. 그래서 사람들은 놀고 싶어 하는 거랍니다.

| 놀 때는 스트레스마저 즐거워 |

일상생활에서는 실수기 인정되지 않고, 비난까지 받는 경우도 있지요. 하지만 놀이의 세계는 실수에 너그러우며, 실수가 '긍정적인' 스트레스를 만듭니다. 왜 '긍정적'이라고 했을까요? 놀이를 하는 사람

이 자발적으로 노는 것이니, 잘 못하거나 남에게 지더라도 스트레스가 크지 않기 때문입니다. 오히려 놀이할 때는 약간의 긴장과 불만족 상태를 즐기는 편이지요. 너무 쉬워서 이기기만 하는 놀이는 재미없잖아요?

국어 시간에 낱말의 뜻을 맞추는 쪽지시험을 좋아하는 사람은 드물겠지만, 십자 낱말풀이를 재미있어 하는 사람은 꽤 많습니다. 십자 낱말풀이는 여기저기 십자로 이어지는 빈 칸에 들어갈 단어의 뜻을 보고, 알맞은 낱말을 생각해내 칸을 채우는 것입니다. 예를 들어 '조선시대에 세운 사대문 중에 서울 동쪽에 있는 대문'이라는 뜻인데 빈 칸이 3개라면 '동대문', 4개라면 '흥인지문'이 되겠지요.

이 놀이를 할 때면 낱말을 골똘히 생각하느라 머리가 아파지기도 하고, 열심히 고민했는데 틀렸을 경우 기분이 나빠지기도 해요. 하지만 시험은 하기 싫어도 해야 하는 것이지만, 십자 낱말풀이 게임은 하고 싶은 사람만 하니까요. 자신이 원해서 하는 일이니, 그런 스트레스를 즐기기도 합니다. 그래서 '긍정적 스트레스'라고 표현할 수 있어요.

| 몰입과 자유로움, 그리고 재미 |

어쨌거나 누가 뭐라고 말하든, 사람들은 틈만 나면 놀고 싶어 합니다. 도대체 놀이의 무엇이 사람들을 빠져들게 할까요?

하위징아와 로제 카이와 모두 공통적으로 놀이의 요소를 '몰입', '자유로움', '재미'라고 꼽았습니다. 이 요소는 각각 개별적으로 존재하기도 하지만, 서로 연관되기도 하고, 한 요소가 다른 요소의 원인이 되기도 합니다. 놀이를 정의한 다른 학자들도 이 세 요소를 공통적으로 언급할 정도로, 놀이의 가장 기본이 되는 요소들이지요.

우리는 왜 놀이에 '몰입'하게 될까요? 카이와는 무상성[2]에서 그 원인을 찾았어요. 아무 보상이 없기 때문에 내가 하고 싶을 때 하고, 하기 싫으면 바로 그만둘 수 있다는 것입니다. 그렇기 때문에 어떤 보상을 바라지 않고 순수하게 놀이를 하게 되고, 다른 어떤 이유 없이 놀이 자체의 재미에 빠지는 순간 몰입하게 됩니다. 어떤 목적을 바라고 행동할 때에는 그 목적이 항상 머릿속에 있기 때문에 행동 자체에 몰입하기 어려워요.

축구 선수들이 순수하게 축구가 재미있다는 이유만으로 경기를 뛰진 않으며, 그렇기 때문에 축구 경기에 완전히 몰입한 상태가 될 수 없는 것과 같아요. 물론 어떤 축구 선수는 매 경기마다 축구가 재미있고 좋아서 뛰며, 경기하는 동안 완전히 몰입한 상태가 되기도 하겠지요.

그러나 단 한 번도 축구 경기에 출전하지 않은 선수도 있어요. 브라질의 카를로스 엔리케라는 축구 선수는 축구하기 싫어서 24년 동안 10개의 구단을 옮겨다니면서 거짓말과 일부러 퇴장처리 받기를 빈복혜가며 경기를 한 번도 하지 않았습니다. 이런 사람은 즐거움

....
2. 무상 : 無常. 모든 것이 덧없음.

을 전혀 못 느낀 경우겠지요.

'자유로움'도 놀이의 중요한 요소입니다. 내가 놀고 싶어서 노는 것이지, 남이 시켜서 놀지 않잖아요?

또한 '자유로움'은 놀이의 또 다른 중요한 요소인 '재미'와 긴밀하게 연결되어 있습니다. 내가 놀고 싶어서 노는 것이고, 놀다 보면 재미있어서 계속 놀게 됩니다. 아무 보상이 없어도, 아무런 이익이 생기지 않아도 재미있기 때문에 노는 거예요. 그래서 재미가 없으면 언제든 놀이를 그만둘 수 있어요. 내가 놀다가 재미가 없어서 그만둔다는데 뭐라 할 사람은 아무도 없습니다. 재미가 없는데도 억지로 놀라고 할 사람도 없습니다. 나의 자유로운 의지가 이만큼 '자유롭게' 나타나는 것은 이 세상 어디에도 없을 테지요.

내 마음속에 놀고 싶은 의지가 생길지 말지의 여부는 재미와 연결되어 있습니다. 우리는 재미가 없으면 놀지 않기 때문이에요. 그래서 '재미'는 놀이를 놀이답게 하는 요소입니다.

'재미'는 '몰입'과도 다시 연관이 됩니다. 재미가 있으니 몰입하게 되고, 그러면서 세상을 잊습니다. 사람들은 스트레스가 쌓였을 때 쉬거나 놀이를 합니다. 아무것도 안 하고 그냥 쉬는 것보다, 놀이를 했을 때 스트레스가 더 풀리는 경우도 있고요.

정리해보면 놀이의 '몰입', '자유로움', '재미'라는 요소는 인간이 놀이를 하게 만드는 원천이라고 할 수 있습니다. 그런데, 이 요소들은 과연 우리 삶에 전혀 쓸모가 없는 것일까요?

다음 장부터 이 요소들을 하나씩, 차근차근 들여다봅시다.

02 풍요롭게 살기 위한 '몰입'

"하라는 공부는 안 하고 논다."라는 소리, 많이 들어보았지요? 이 말에는 로제 카이와가 말한 '무상성'에 대한 일반적인 사람들의 생각이 그대로 반영되어 있습니다. 해야 할 일은 안 하고 아무쓸모없는 짓을 한다는 비난이니까요. 예나 지금이나 학생이 마땅히 해야 할 일은 공부였어요. 일반적인 관점으로 비추어볼 때 '놀이'는 공부를 방해하며 쓸모없이 시간을 낭비하는 행동입니다.

그렇다면 정말로 '노는 것'은 쓸모없는 행위일까요?

| 책 속으로 여행을 떠났던 어린이 |

잠시 샛길로 빠져서 제 이야기를 하겠습니다. 국어 교사인 저는 어렸을 때부터 책 읽는 것을 좋아해서, 친구네 집에 놀러 가면 어느새 그 집 책꽂이의 책을 읽고 있었어요. 친구들은 처음엔 책에 빠져서 함께 놀지 않는 저에게 놀자고 조르다가, 이런 일이 반복되면서 책을 읽는 저를 아랑곳하지 않고 자기들끼리 놀았습니다.

그런데 책을 다 읽고 책 속 세상에서 빠져나온 저는, 혼자 남의 집에 앉아 있다는 걸 깨닫게 되곤 했습니다. 친구들이 어디 있나 구석구석을 찾아보았지만 친구의 집은 적막하기만 했어요. 저는 친구들을 원망하며 집으로 터덜터덜 발걸음을 옮겼습니다.

다음 날 학교에서 "왜 나만 혼자 두고 말도 안 하고 갔어?"라고 볼멘소리를 할 때마다, 어김없이 친구들은 한 목소리로 답했습니다.

"말했잖아! ○○네 집으로 간다고."

친구들은 다른 데로 놀러 갈 때 저에게 가는 장소를 일러주고 이동했는데, 제가 책에 푹 빠져 있느라 알아차리지 못했던 거예요.

제가 "대답을 안 했으면 대답할 때까지 말을 했어야지!"라고 따지면, 친구들은 또 입을 모아 대꾸했습니다.

"네가 '알았어!' 하고 말하던데?"

아차. 저는 책에 너무 푹 빠져서 건성으로 대답해버리곤 그 사실마저 잊어버렸던 겁니다.

이런 상황이 여러 번 계속되자, 친구들은 아무 말도 하지 않고 제 옆에 쪽지를 써놓고 놀 자리를 옮겼어요. '우리 ○○네 집에 가니까 책 다 보면 그리로 와.' 하고요.

고등학교 때는 아침 자습 시간에 책을 읽었습니다. 펄벅의 소설 『모란꽃』에 깊이 빠져 있었던 저는, 선생님이 다가오는 것도 모르고 책만 읽고 있었습니다. 미리 알았으면 얼른 책상 속으로 소설책을 숨기고, 펴놓은 문제집을 푸는 척했을 거예요. 무방비 상태에 있던 저를 붙잡으신 선생님은 "그렇게 놀면 대학 못 간다!"라고 아주 단호하게 말씀하시며 혼내셨습니다.

그래도 저는 소설책 읽기라는 즐거운 놀이를 그만두지 못하고, 선생님 모르게 자습 시간에 교과서 밑에 소설책을 깔고 몰래몰래 읽었습니다. 그렇게 지겨운 자습 시간을 시간 가는 줄 모르고 보낼 수 있었어요.

그 당시 저희 집은 조그만 가게를 하고 있었습니다. 시골동네라서, 말린 생선이나 싱싱한 야채는 버스를 타고 시내에 있는 종합 시장에 가서 물건을 떼와 팔았어요. 어머니께서 물건을 떼러 시내로 가셨을 땐 제가 가게를 봐야 했습니다. 저는 가게에서 손님을 기다리며 에밀리 브론테의 『폭풍의 언덕』이나 토마스 하디의 『테스』를 읽었습니다.

소설책을 읽다가 손님이 말을 거는 것을 느끼고 쳐다보면, 손님은 "엄마 어디 갔냐?"라고 물었습니다. 제가 "시장에 가셨어요."라고 대답하면 손님은 물건을 사지 않고 나갔습니다. 그러면 저는 다시 소설을 읽기 시작했고, 어느덧 시장에 갔던 어머니께서 돌아오시면 언제나 야단을 맞았어요.

"가게 좀 보라고 했더니 소설 나부랭이만 보고 있네!"

사실 저는 어머니께서 가게에 들어오시는 것도 모르고 소설책에 빠져 있었거든요. 그래도 제 딴엔 가게를 잘 봤는데도 책망을 듣는 바람에, 서러운 마음으로 울면서 방으로 들어갔습니다. 방에 들어가니 조금 전에 읽던 소설책이 보여, 저는 다시 소설책을 이어서 읽기 시작했습니다. 그러다 보면 어느덧 슬픔은 잊히고 소설 속 주인공의 고난이나 역경에 집중하게 되었습니다. 그러면서 저는 현실에서 사라져 소설 속의 다른 인물이 되어, 그 세계 속으로 빨려 들어갔습니다. 그때 소설은 늘 저를 마약처럼 홀렸습니다. 책을 읽느라 어머니께서 부르시는 소리를 못 듣고 야단맞은 적도 한두 번이 아니었어요.

저는 늘 궁금했습니다. 왜 소설을 읽는 것이 '하라는 공부는 안 하고 쓸데없는 짓을 하는 것'일까요? 정말로 소설을 읽는 것은 공부의 반대편에 선 짓일까요?

나중에 어른이 되었을 때 어머니께 제가 가게를 본 날 왜 화를 내셨는지, 당시 상황에 대해 여쭈어보았습니다. 그런데 어머니의 대답은 참으로 놀라웠어요. 제가 가게를 본 날은 평소보다 매출액이 너무 적었고 심지어 하나도 못 판 날도 많았는데, 처음에는 어린애가 가게를 보니 손님들이 꺼리나 싶으셨답니다. 그런데 어느 날 물건을 떼서 가게에 들어오시는데, 마침 손님이 있었어요. 저는 손님이 몇 번이나 말을 걸어도 못 듣고 소설책만 읽고 있더랍니다. 어머니는 그제야 제가 가게를 볼 때 매출액이 떨어지는 이유를 아셨지요. 책에 빠져 있느라 기껏 온 손님을 다 놓치는 게 너무 야속했다고 말씀하셨습니다.

이처럼, 어렸을 때 저는 책에 몰입해서 아무것도 안 들리는 상태에 자주 빠지곤 했습니다. 소설을 읽는 것은 당시 제가 가장 즐기던 놀이였고, 이 놀이는 저를 늘 몰입의 세계로 인도했습니다.

저는 소설 속에서 다양한 나라들을 여행했고, 개성이 넘치는 사람들을 수없이 만났으며, 현실에서 할 수 없는 수많은 경험을 했습니다. 아무런 비용도 지불하지 않고요. 소설은 그런 것들을 가능하게 했습니다.

| 대학생 절반이 진로 고민하는 사회 |

어린 시절 소설책을 읽으며 놀았던 경험은 제가 지금 국어 교사가 된 것에도 아주 큰 영향을 끼쳤고, 국어 교사가 된 이후에도 계속 영향을 미치고 있습니다.

제가 소설책을 읽으며 놀지 않았더라면, 어쩌면 국어 교사가 될 생각을 하지 않았을지도 몰라요. 소설책에 빠진 저는 언어와 문학의 세계에 매력을 느꼈고, 그래서 그 당시 선택하고 싶던 직업 중에 언어와 문학을 가지고 놀 수 있는 국어 교사가 있었어요.

직업을 오로지 돈을 버는 목적만으로 구한다면, 오랜 기간 동안 유지하기 어려울 거예요. 하지만 재미있고 몰입할 수 있는 일이라면 오래갈 수 있겠지요.

2016년부터 시행된 '자유학기제'는 학생들이 학교를 다니는 동안 자신의 끼를 발견하고 꿈을 찾을 수 있도록 돕는 제도입니다. 학교에서는 창의적 체험활동 시간에 진로 탐색 시간을 포함하고, 진로 교사도 따로 두고 있어요. 학생 스스로가 재미있게 몰입할 수 있는 일을 찾도록 말이에요.

그러나 현실적으로 학생들이 자유학기제나 진로 탐색 시간, 진로 교사를 활용하여 자신의 진로를 찾는 경우는 흔치 않은가 봅니다. 심지어 대학생조차도 절반 정도가 자신의 진로를 결정하지 못했다는 설문조사 통계가 있으니까요.

아래의 그래프는 2019년 취업포털 사이트 잡코리아와 알바몬이 4년제 대학생 1831명을 대상으로 '진로 결정 시점'을 조사한 결과입니다.[3]

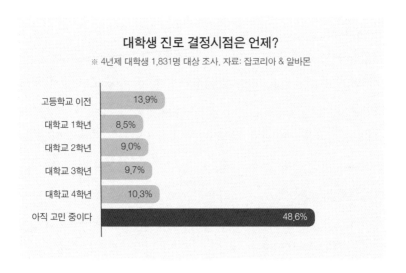

대학생 진로 결정시점은 언제?
※ 4년제 대학생 1,831명 대상 조사. 자료: 잡코리아 & 알바몬

고등학교 이전 13.9%
대학교 1학년 8.5%
대학교 2학년 9.0%
대학교 3학년 9.7%
대학교 4학년 10.3%
아직 고민 중이다 48.6%

....
3. 『이데일리』, 〈[머니+] 대학생 48.6% "진로 아직 못 정했다"〉, 2019.08.16

이 통계에 따르면 고등학교 이전에 진로를 결정한 경우는 7명 중 1명도 안 되고, 대학생들조차도 거의 절반이 자신의 진로를 고민하고 있습니다. 학원과 학교를 함께 다니던 어릴 때부터, 학기당 몇백만 원의 등록금을 납부하는 대학교 때까지 열심히 공부한 결과가 이것입니다.

자신의 진로를 결정하지 못하는 사람을 절반이나 만들어낸 우리 사회. 과연 무엇이 문제일까요?

아마도 우리가 충분히 놀지 못한 것이 원인 아닐까요? 살아가면서 진정으로 재미있고 몰입하게 만드는 것을 만나본 적이 아직 없기 때문에, 우리는 대학생이 되어도 진로를 결정하지 못하는 것 아닐까요?

아무런 경제적 이익이 없어도, 현실과 동떨어졌어도 너무 재미있어서 몰입하게 되는 것. 그리고 현실로 돌아와 생활하다가 다시 새롭게 시작해도 늘 황홀하게 몰입할 수 있는 것. 그런 것을 찾는 데서부터 진로의 방향이 잡히기 시작합니다. 가슴 두근거리고 설레는 것. 그와 연관이 있는 일을 찾아 직업으로 연결하고, 그런 일을 하며 평생을 살아갈 수 있다면, 그게 바로 행복한 인생 아닐까요? "잘 놀아야 잘 산다."라는 말도 그런 의미이리라고 생각합니다.

03 스스로 통제하며 살기 위한 '자유로움'

여러분이 어렸을 적, 어떤 놀이를 하고 싶어서 놀이 친구를 모을 때를 생각해봅시다. 누군가 자신의 엄지를 세우며 "○○놀이 할 사람 여기 모여라~"라고 외쳤을 거예요. 그러면 그 놀이를 하고 싶은 친구들이 그 엄지에 자기 손가락을 걸면서 놀이 집단이 구성됩니다. 일정한 수의 아이들이 모이면 놀이가 시작되지요.

누군가가 함께 놀 아이들을 모으기 위해 "○○놀이 할 사람 여기 모여라!"라고 외쳤을 때, 여러분이 거기에 손을 걸지 말지는 놀이를 하고 싶은지 아닌지에 따라 결정됩니다. 아이들이 저런 방법을 생각해낸 것은 아마도, 친한 친구라도 하고 싶지 않은 놀이를 억지로 강요하는 게 아니라 '놀 의사가 있는지 확인'하는 절차가 필요하기 때문일 거예요. 이처럼 놀이의 요소 중 '자유로움'은 놀이 참여에 대한 자유를 뜻합니다.

이것은 자유로운 의사 결정이 놀이의 재미를 보장하기 때문이기도 합니다. 놀고 싶지 않은 친구를 억지로 놀이 구성원으로 만들어서 놀게 되면, 그 친구는 아무렇게나 놀기 때문에 놀이가 주는 재미를 못 느끼고, 같이 노는 친구들도 재미가 덜하게 됩니다. 그렇게 되면 놀이판이 깨지지요.

우리는 놀이에서 속임수를 쓰는 사람보다, 놀이판을 깨는 사람을 더 싫어했어요. 속임수를 쓰는 것은, 이기고 싶어서 하는 나쁜 짓이지만 놀이의 세계를 인정하기 때문에 하는 짓입니다. 그러나 놀이판을 깨는 것은 놀이의 세계를 부정하고 없애려는 행위니까요. 이런 행동이 여러 번 거듭되면 놀이에서 아예 배제될 수도 있어요.

| 하든지 말든지 마음대로 |

그런데, 놀이 친구를 모으는 과정에서 또 다른 자유로운 행동이 끼어들기도 합니다. "○○놀이 할 사람 여기 모여라~" 하고 외쳤는데, 그 놀이 말고 다른 놀이를 하고 싶은 사람이 "△△놀이 할 사람 여기 모여라~" 하며 새로운 놀이를 하자고 외치기도 해요.

물론 흔하지 않은 일이긴 해요. 그렇지만 처음 놀이를 외친 아이가 제안한 놀이보다 더 좋은 놀이, 더 하고 싶은 놀이, 구성원들이 더 원하는 놀이가 있을 때에는 어쩔 수 없겠지요. 그렇게 두 종류의 놀이를 제인받았을 때, 구성원들은 둘 중 하나를 선택해서 손가락을 겁니다.

짚더미 위에서 자유롭게 노는 아이들

세상에 놀이의 형태로 존재하지 않던 것일지라도, 그 활동이 하고 싶어서 한다면 재미있는 놀이가 됩니다. 만일 누군가가 짚더미를 옮기고 그 위에 올라가라고 시켜서 그대로 한다면 그것은 억지로 하는 '일'이에요. 하지만 내가 재미있어서 그냥 짚더미를 모아놓고 위에 올라가 놀 때, 그것은 '놀이'가 되지요. '자유로움'은 놀이가 아닌 것도 놀이로 만드는 중요한 요소입니다.

놀이의 제안도 절대적인 것은 아니에요. 놀이를 제안한 사람도, 친구들이 더 많이 하고 싶어 하는 놀이를 함께 하는 쪽으로 의견을 바꾸기도 하거든요. 그것도 전적으로 자신의 자유의사입니다. 이처럼 여러 가지 놀이 가운데 더 재미있을 것 같은 놀이를 자유롭게 골라서 노는 것도 놀이의 재미를 더하게 됩니다.

 잠시 제 이야기를 할게요. 명절 때, 친척 식구들이 모이면 고스톱과 같은 카드놀이를 할 때가 종종 있지요? 이 놀이는 4명 이상이 할 때 가장 재미있기 때문에, 인원수가 부족하면 시큰둥하게 있던 저를 끌어들이더라구요. 그런데 억지로 판에 들어간 저는 번번이 그 놀이판을 깨버렸어요. 일부러 그 판을 깨려는 생각은 아니었지만, 카드놀이를 좋아하지 않던 제가 놀이판에서 보이는 행동들이 그 놀이를 재미없게 만들면서 판을 깨는 행동이 되었던 셈이지요.

다른 사람들은 패를 생각하면서 '고'와 '스톱'을 외치고, 점수를 따기 위해 유리한 패를 골라서 냈어요. 그런데 저는 그 놀이를 하고 싶은 마음이 없었기 때문에, 가진 패 중에서 놀이 흐름과 상관없이 아무것이나 냈답니다.

놀이판에 있는 사람들은 그 판에 몰입해서 서로의 패를 짐작하기 위해 고도의 심리 전략을 짜고, 상대의 표정에서 패를 읽으려고 애쓰고, 규칙의 범위 내에서 상대를 속이려고 듭니다. 사실 이런 것들이 카드놀이의 중요한 재미이기도 하잖아요? 그런데 저는 애초에 재미가 없기 때문에 승패가 중요하지도 않고, 굳이 머리를 굴려 심리전을 쓰고 싶지도 않아요. 그래서 놀이하는 사람들과 달리 전략은커녕 아무 패나 툭툭 던져버립니다.

그러다 보면 잔뜩 올라갔던 놀이판의 긴장감이 저 때문에 깨져버리면서, 놀이가 전체적으로 재미없어져요. 그렇게 재미없는 판이 두세 번 지속되면, 다들 고스톱을 그만두고 다른 것을 하자더군요.

그래서 놀이에 있어서 '자유로움'은 재미와도, 몰입과도 깊이 연결되는 지점이 있습니다. 만약 제가 고스톱을 하는 도중에 그 놀이에 재미를 느끼시 '아! 이 놀이를 진짜로 하고 싶다!'라는 마음이 들게 되면 다른 상황이 펼쳐질 거예요. 저도 바닥에 펼쳐진 패와 제 패를 번갈아 보며, 다른 사람이 가진 패를 짐작하려고 애를 쓸 테니까요. 내가 가진 패를 아무렇게나 던지지 않고, 상대가 점수를 따지 못하게 하려고 전략을 꾸리는 동시에, 함께 놀이하는 구성원과 연대도 하면서 놀이를 할 겁니다. 그러면서 놀이는 점점 더 재미있게 지속되겠지요. 보기만 해도 재미난 모습에, 고스톱을 지켜보던 다른 이에게서 "다음 판부터 나도 할게!"라고 참여 제안을 받기도 하겠지요.

| 고무줄놀이 VS 고무줄 끊기 놀이 |

이처럼 자유로운 참여를 보장하는 것 또한 놀이의 요소이며, 이를 배제하는 자세는 놀이판을 깨게 됩니다. 대표적인 예가 '고무줄 끊기'입니다. 옛날에는 운동장에서 여자아이들이 가끔 고무줄놀이를 했어요. 동네나 학교에서 놀 때, 몸을 많이 움직이는 놀이의 대부분은 남자들만 하는 편이잖아요? 그런 놀이 중 여자들만 하는 놀이가 거의 없는데, 유독 고무줄놀이만은 남자아이들이 해서는 안 되는 놀이였습니다. 간혹 남자아이가 고무줄놀이를 하고 싶어 하더라도, 어른들이 못 하게 말리곤 했습니다.

자유로운 참여가 제한되기 때문에 놀이에 낄 수 없는 남자아이들은, 고무줄놀이를 하는 여자아이들의 가장 중요한 놀이 도구인 고무줄을 칼로 끊고 도망쳤어요. 고무줄 끊는 남자아이들의 의도는 놀이판을 깨는 것입니다. 고무줄이니 끊어져도 다시 묶으면 되지만, 일단 고무줄이 끊어지면 잠시 놀이판이 중단되니까요.

그런데 모순 같은 이야기지만, 놀이를 망치는 '고무줄 끊기'는 남자아이들 세계에서 재미있는 놀이가 되기도 했습니다. 왜냐하면 여기에도 규칙이 있기 때문이에요. 아무 때나 고무줄을 끊으면 자칫 놀이하던 아이들이 다칠 수 있지만, 괜히 어슬렁대며 틈을 보다가는 여자아이들에게 들켜버려요. 관심 없는 척하며 상황을 살피다가, 여자아이들이 놀이에 완전히 몰입한 순간을 놓치지 않고 잽싸게 고무줄을 끊어야 성공할 수 있거든요.

　고무줄 끊기에 성공했을 경우, 놀이판을 깬 행위를 응징하려고 여자아이가 잡으러 쫓아올 수도 있어요. 이럴 때, 남자아이들 입장에서 보면 술래잡기 놀이가 시작되는 셈입니다.

　상대가 남자아이이기 때문에 여자아이 혼자 잡으러 오진 않아요. 여러 명의 여자아이들이 쫓아오면, 다른 남자아이들은 고무줄을 끊는 데 성공한 남자아이가 잡히지 않게 하려고 그 여자아이들을 방해하지요. 고무줄놀이는 어느덧 사라지고, 남자 대 여자의 술래잡기 놀이라는 새로운 놀이가 시작되는 것입니다. 술래잡기 놀이로 어우러진 아이들은 함께 운동장을 뛰며 놀고요.

| 모든 것은 놀이하기 나름 |

자유로운 참여, 즉 자발성은 일상에서 어떤 일을 할 때에도 구성원에게 매우 필요한 요소입니다. 그래서 조직을 꾸려나갈 경우, 구성원들의 자발성을 어떻게 끌어낼 것인가는 중요한 과제가 됩니다. 자발성이 생기게끔, 즉 사람들이 어떤 일을 하고 싶은 마음이 들어서 스스로 참여하게끔 하려면 어떻게 해야 할까요?

그 해결 방안은 놀이에서 찾을 수 있지 않을까요? 놀이야말로 자발성의 결정체니까요. 놀이의 특징인 '자유로운 참여'에 대해 연구해본다면, 소직 구성원들의 자발성을 자연스럽게 이끌어낼 수 있을 것이라는 생각이 듭니다.

"잘 놀아본 사람이 일도 잘한다."라는 말이 있어요. 생활 속 경험에서 나온 말이지만, 놀이의 속성을 꿰뚫어보고 일상에 지혜롭게 연결한 통찰입니다.

앞에서 칙센트미하이의 몰입 이론을 소개할 때, 즐거움을 느끼기 위해선 지속적 훈련이 필요하다고 했지요? 그것은 놀이하는 상황에서도 마찬가지입니다. 수학 문제를 풀거나 독서를 할 때도, 잘할 수 있게끔 기술을 익힌 이후에야 그 활동에서 즐거운 마음이 드는 법입니다. 미식가도, 사랑을 하는 사람도 기술을 갈고닦은 이후에 비로소 제대로 즐길 수 있게 된다고요.

놀기 위해 기술을 연마해본 사람은, 일상에서도 어떤 일을 하려면 기술을 단련할 필요가 있다는 것을 알게 됩니다. 그리고 기술을 터득했다면 놀이가 아닌 일도 놀이처럼 즐겁게 할 수 있다는 것도 이미 알고 있겠지요. 누군가에게 지겹고 괴로운 독서가, 누군가에겐 더없이 행복한 시간일 수도 있어요. 수학 문제 풀이나 영어 공부도, 기술을 배운 후에는 놀이처럼 즐거울지도 몰라요.

여러분도 "모든 것은 마음에 달려 있다."라는 말, 한 번쯤 들어보았을 거예요. 이 말은 자기 마음을 스스로 통제하는 것의 중요성을 의미합니다.

만일 여러분이 놀아보지 않았다면, 놀이의 즐거움이 어디에서 오는지 경험하지 않았다면, 놀이를 통해 자연스럽게 마음을 통제하는 경험을 해보지 않았다면, 그래도 기술을 즐겁게 배우고 익힐 마음이 생겨날 수 있을까요? 아마도 그러긴 어렵겠지요.

행복하게 살기 위한 '재미'

놀이의 세 가지 기본요소 중에서도, 놀이를 가장 놀이답게 하는 것은 바로 '재미'일 겁니다. 앞에서 언급했던 몰입이나 자유로움도 필요하지만, 무엇보다 재미가 없다면 누구도 놀이를 하고 싶어 하지도 몰입되지도 않을 테니까요. 재미있기 때문에, 아무 대가 없이도 놀이에 기꺼이 참가해서 푹 빠지는 것이겠지요?

| 평등하게 놀아야 재미있지! |

앞에서, 놀이를 시작할 때 "○○놀이 할 사람 여기 모여라~" 하고 외친다고 했지요? 이때, 놀이를 제안한 사람에게는 별다른 이익도 어떤 우대 조치도 없습니다. 놀이의 규칙은 제안자와 특별히 관계없이, 놀이가 시작되면서 정해집니다. 제안을 한 아이도 그냥 그 놀이를 하고 싶어서 함께 놀 친구를 구했을 뿐이지, 별다른 의도나 바라는 것이 없습니다. 그렇게 구성된 놀이 집단이 놀이를 하게 되지요. 자유롭게 참가를 결정한 것이기 때문에, 놀이는 자율적인 행위입니다. 바로 여기서 놀이의 재미가 생겨요.

그렇기 때문에 놀이는 아주 평등합니다. 놀이를 할 때는 그 놀이를 하고 싶다는 자유의사만이 중요하답니다. 놀이 구성원이 현실에서 속한 계층이나 경제력은 아무런 의미가 없어요. 놀이의 세계는 능력, 경제력, 계층의 차이 없이 평등하거든요. 그래서 놀이의 모든 구성원들은 현실과 아무 관련 없이 존재하는 규칙을 모두 함께 지키며 놀게 됩니다.

놀이의 규칙은 놀이 세계에서 아주 엄격하게 적용되는데, 그 규칙은 오로지 놀이의 '재미'를 위해 존재하지요. 그러므로 놀이하는 구성원들 중 누구라도 규칙을 지키지 않으면 놀이 세계는 깨지고, 규칙을 지키지 않는 놀이 구성원은 놀이 세계의 파괴자가 됩니다.

놀이 세계를 파괴하는 사람은 놀이를 하는 사람일 수도 있고, 놀이를 지켜보는 관람자일 수도 있어요. 카드놀이를 할 때 속임수를 써서 계속 이기는 사람이 있다면, 몇 번 안 가서 다른 사람들이 이제 그만하자고 하겠지요. 나중에 다시 카드놀이를 하게 되면 속임수를 쓰는 사람을 배제할 테고요.

장기나 바둑을 둘 때도, 당사자들의 옆에서 지켜보던 사람이 다음에 어디 두면 유리할지 알고 가르쳐주는 경우가 있습니다. 이런 상황을 '훈수를 둔다'라고 하지요. 그렇게 되면 훈수를 받은 사람의 상대방은 훈수하는 사람에게 화를 내고, 그래도 그치지 않으면 판 자체를 그만두지요. 장기나 바둑은 일 대 일로 승부를 벌이는 놀이인데, 누군가가 훈수를 두면 일 대 이가 되니 평등의 원칙에 어긋나게 돼요.

이렇듯 놀이 구성원들이 규칙을 지키는 것, 평등한 상태에서 놀이를 하는 것은 재미를 해치지 않고 놀이를 지속하기 위해서입니다. 놀이의 '재미'를 위해 정한 규칙은 현실 세계와 다른 평등함을 구성원에게 주지요.

| 기울어진 운동장에서 역차별을 외치다 |

기울어진 운동장이란 말, 알고 있나요? 축구 경기에서 유래한 말인데, FC 바르셀로나 팀과의 경기에서 계속 패배하던 다른 축구팀들이 농담 삼아 운동장이 기울어졌다고 말했던 것이 널리 퍼지며 새로운 뜻을 얻었어요[4]. '처음부터 공정한 경쟁을 할 수 없는 상황'을 비유하게 되었답니다.

만일 축구 경기를 할 때 운동장이 평평하지 않고 기울어졌다면, 공은 중력의 법칙에 따라 낮은 쪽으로 저절로 굴러가겠지요? 골대가 기울어진 쪽에 있는 팀은 실력을 발휘하기가 힘들고 경기에 질

----

4. 『강원도민일보』, 〈[수요광장] 기울어진 운동장 해결책, 강원특별자치도〉, 2018.08.14

가능성이 높을 테고요. 그래서 경기 전반부와 후반부에 골대의 위치를 바꾼답니다. 그렇게 해서 공정한 경쟁을 가능하게 하지요.

그러나 현실에서는 기울어진 것을 바로잡기 어렵습니다. 불리한 쪽 운동장의 사람들을 위해 어떤 조치를 취하는 순간, 유리한 쪽 운동장의 사람들이 역차별이라고 하면서 불평등하다고 투덜거리기도 합니다.

도널드 트럼프 미국 대통령이 이끄는 행정부는, 대학 신입생을 선발하는 과정에서 인종의 다양성을 고려해 소수인종을 우대했던 기존 지침을 철회한다는 성명서를 냈습니다[5].

반대로, 그 전의 대통령 오바마의 행정부에서는 "고등교육기관이 다양한 학생 집단을 통해 얻을 수 있는 이점을 활용하는 데 강한 관심을 가지는 것을 인정한다."라고 명시한 연방 대법원[6]의 원칙에 부합하는 범위 내에서 소수인종 우대 입시전형을 적극적으로 시행하도록 하는 지침을 권고했습니다.

소수인종 우대 정책은 1961년 존 F. 케네디 대통령의 행정부 시절부터 시작되어, 대학 입시에서 소수인종 출신에게 가산점을 주거나 입학 정원의 일정 비율을 배정하는 방식으로 실시되어왔습니다. 우리나라 대학입시에서 '농어촌 특별전형'이나 '특성화고 특별전형'이 실시되고 있는 것도 이와 비슷한 맥락이에요.

. . . .
5. 『서울신문』, 〈트럼프, 대입 소수인종 우대 철폐… '실력대로' 하면 한국인에 유리?〉, 2018.07.04
6. 연방 대법원 : 미국의 최고 법원

그러나 이 정책이 역차별이라는 논란도 끊임없이 제기되었어요. 미국 사회에서 다수를 차지하는 인종은 백인이고, 그 틈에 둘러싸인 소수인종 사람들의 일상은 대부분 크고 작은 차별로 덮여 있었겠지요. 그것을 조금 보완하려고 소수인종을 위한 정책을 펴는 순간, 공이 굴러오기 쉬운 운동장에서 늘 이익을 보던 사람들이 들고 일어선 것입니다.

이런 모습은 꼭 머나먼 외국에만 해당되는 이야기가 아니에요. 우리 사회는 늘 다수가 속한 입장을 중심으로 다양한 정책이 만들어지고 진행되기 마련입니다. 그래서 손해를 보는 소수를 위해 어떤 조치를 취하려고 하면, 지금까지 이득을 보았던 다수는 그것을 역차별이라고 공격하곤 합니다.

| 금수저, 은수저, 흙수저 |

현실에서는 계층의 차이, 경제력의 불평등, 부모가 가진 사회적 위치와 직업 등이 자녀들에게 유리하거나 불리하게 작용하는 경우가 많습니다. 부모의 사회적 위치, 경제력, 문화적 성향은 자녀들의 학업 성취에 큰 영향을 미쳐요.

아카데미 시상식에서 무려 4가지 상을 받고, 칸 영화제의 최고상인 황금종려상까지 수상한 《기생충》이라는 영화는 여러분 중에도 본 사람이 많을 거예요. 그 영화를 제작한 봉준호 감독의 아버지는 효성

여자대학교 응용미술학과 교수를 지낸 그래픽 디자이너입니다. 그의 어머니는 『소설가 구보 씨의 일일』로 유명한 구보 박태원의 딸입니다[7]. 그는 인터뷰에서 어린 시절에 대해 이렇게 회상했어요.

> 아버지 방에 외국에서 사온 디자인 책과 화집, 사진집 등이 진열되어 있었다. 아버지가 포스터컬러와 물감으로 작업하시는 모습도 많이 봤다[8].

만약 봉준호 감독이 사무직 회사원 아버지와 주부 어머니를 둔 평범한 가정집이나, 생수보다 콜라가 더 싸다는 이유로 싸구려 패스트푸드로 끼니를 때우는 미국의 가난한 소수민족 가정에서 태어나서 자랐더라도 지금의 봉준호가 되었을까요? 아무도 장담할 수 없지 않을까요? 봉준호 감독이 지금처럼 훌륭하고 유명한 예술가가 된 데에는 그의 가정환경, 즉 풍요로운 문화·경제·사회적 환경이 좋은 영향을 끼쳤을 것임은 부정할 수 없겠지요.

　이렇듯 부모가 가진 사회·경제·문화적 자본이 자녀의 학업 성취의 결과에 크게 영향을 미친다면, 이는 인간이 태어날 때부터 불평등요소를 지녔다는 의미입니다. 오죽하면 수저 재질로 계층을 나누는 우스갯소리마저 등장했겠어요? 부유하고 부족한 것 없는 집안이면 금수저, 어느 정도 먹고살 만하면 은수저, 가난하고 힘든 가

　　　　　　　　　　　　　　　　
7. 위키백과 참조
8. 『한국일보』, 〈봉준호 감독의 '귀여운 자화상', 그림 실력 비결은?〉, 2020.01.16

정은 흙수저라고 나누더군요.

개인이 가진 자본에 따라 사회경제적 지위가 정해진다면, 그 사회는 불평등한 사회입니다. 이런 사회에서는 계급 간 대립과 갈등이 존재할 수밖에 없으며, 적대감이 잠재되어 있어요. 이런 사회에서는 사회 구성원들이 '한 배를 타고 있다'라고 생각하지 않아요[9]. 그래서 여러 국가들은 불평등한 요소들을 고쳐 사회 구성원의 통합을 이루어보려고 하지만, 그것이 우리 현실에서는 몹시 어렵게 느껴지네요.

> "여성가족부는 성평등 및 가족·청소년 보호 등을 위해 만들어졌지만, 하라는 성평등 정책은 하지 않고 남성혐오적이고 역차별적인 제도만을 만들며 예산을 낭비하였습니다. 폐지를 청원합니다."
> "여가부가 담당하는 주요 업무는 국가 정책의 성별영향 분석, 여성 인력의 개발 및 활용, 성폭력 등 가정폭력 예방 및 피해자 보호, 위기청소년 보호 및 지원 등 총 14가지입니다. 여성과 청소년, 아동을 특별히 보호하고자 하는 헌법 정신과 국가의 존재 이유에 절대 없어서는 안 될 부처입니다."

이 글들은 최근 청와대 국민청원 사이트에 올라온, 찬반 논란이 팽팽한 의견들입니다.

....
9. 오욱환 지음, 『사회자본의 교육적 해석과 활용』, 교육과학사, 2013, 63-64쪽

여성가족부는 이름에서도 알 수 있듯, 여성만을 위한 정부조직이 아닙니다. 우리 사회에서 약자인 여성과 아동, 청소년의 권익을 보호하고, 다문화 가정 자녀 지원 등 취약 계층을 위한 정책도 담당하고 있어요. 그러나 여성의 역차별 논란이 일자 국민청원 사이트에서 폐지해야 할 부서로 지목당하며, 그에 동의하는 사람들이 10만 명 넘게 나타났습니다[10].

수능이나 입시의 폐해와 불평등을 주장하는 사람들, 여러분도 본 적 있을 거예요. 하지만 이런 사람들은 정부의 정책에 동의하지 않거나 정부 부처가 일을 잘 못한다고 비판하더라도, 교육부나 다른 중앙부처의 폐지를 쉽게 주장하지 않습니다.

이에 비해, 여성가족부의 정책에 불만을 느낀 사람들이 폐지를 주장하는 것은 어째서일까요? 아마도 불평등한 현실을 조정하려는 노력이, 기울어진 운동장에서 유리한 쪽에 있는 사람들에겐 쉽게 받아들여지지 않기 때문이라고 생각합니다. 그래서 현실적으로 불평등을 조정하려는 노력이 많은 어려움에 부딪히는 것입니다.

이런 사회에서 '흙수저'를 물고 태어난 젊은이들이 미래에 대해 희망을 가지고, 모두 같은 사회의 공동체라는 생각으로 사회에 공헌할 수 있을까요?

10. 『세계일보』, 〈"여성가족부 폐지" 뜨거운 찬반 논란 [어떻게 생각하십니까]〉, 2020.8.11

| 진정한 평등을 배우는 놀이의 세계 |

다시 놀이의 이야기로 돌아와 보겠습니다. 현실과 달리, 놀이의 세계에서는 완전한 평등이 가능합니다. 가능한 차원을 넘어서, 불공평한 것들을 적극적으로 조율합니다. 왜냐하면 기울어진 운동장은 놀이의 결과가 미리 예측되므로 놀이로서 매력이 없기 때문이에요. 누가 이길지 뻔한, 재미없고 쓸데없는 일에 자발적으로 시간을 내서 참여할 사람은 없으니까요.

힘이 세고 덩치가 큰 아이와, 작고 약한 아이가 씨름을 한다면 결과는 불 보듯 뻔하겠지요? 그래서 힘이 세고 덩치가 좋은 아이와, 키도 덩치도 작은 아이는 씨름 놀이를 하지 않아요. 질 게 뻔한 아이는 그 놀이를 하고 싶지 않고, 무조건 이길 게 확실한 아이도 그 놀이를 하려고 들지 않습니다.

어쩌다 해보게 되었더라도 계속 한쪽만 이기면 재미가 없어지겠지요. 그러면 계속 지는 쪽의 약점을 보완하여 서로 평등해질 수 있게 경기 규칙을 새로 정하지 않을까요? 혹은 다른 놀이를 하자고 제안하거나요. 두 아이가 동등해질 수 있는, 카드놀이나 숨바꼭질과 같은 놀이를요.

중학생과 초등학생이 공원에서 놀이로 축구를 한다면 어떨까요? 초등학생이 7명이면 중학생은 4명으로 참여하는 식으로 참여자 수에 차이를 두거나, '중학생은 오른발을 사용한 슈팅을 할 수 없다' 등의 새로운 경기 규칙을 만들어서 양 팀의 차이를 줄여서 축구를 해보겠지요.

그러다 중학생 4명이 지나치게 불리한 방향으로 경기가 기울면 다시 규칙을 고쳐서 이번에는 중학생 5명 대 초등학생 7명으로 축구 경기를 해볼 겁니다. '오른발 슈팅 금지' 규칙이 잘 지켜지지 않는다면, 그것과 비슷한 효과를 주는 한도 안에서 다른 규칙을 바꿔서 불평등을 조율할 테고요. 왜 그럴까요?

그래야 재미있기 때문이에요. 결과를 예측할 수 있다면 재미가 없어집니다. 질 게 뻔한, 재미없는 놀이를 할 사람은 없거든요. 이처럼 놀이에서 '재미'라는 요소는 '기울어진 운동장'의 문제도 해결합니다.

놀이가 '기울어진 운동장'을 해결한다는 것. 이는 양극화가 심해지고 있는 현실에 중요한 시사점을 줍니다. 부의 불평등은 날이 갈수록 심화되고 있으며, 인류는 이를 해결해야 지속가능한 내일의 삶을 꿈꿀 수 있습니다. 놀이는 '가난하거나 불편한 사람들을 위한 배려를 하는 것이야말로 진정한 평등'임을 일깨울 수 있는 방법이 됩니다.

기계적 평등, 일률적인 평등을 고집하는 사람들에게는, 유명한 학자의 이론이나 도덕을 강조하는 가르침보다 "그럼 재미없잖아요!"라는 말이 더 와닿지 않을까요?

모든 사람들이 놀이의 정신을 이해하고, 이 세상에 놀이의 정신이 깃들면 우리 모두가 평등하게 살 수 있는 세상이 되리라는 생각이 듭니다.

"깡"

1일1깡. SNS에서 퍼진 이 말은 가수 비의 뮤직비디오 〈깡〉의 유튜브 영상과 댓글을 매일 보러 간다는 뜻입니다. 어느 여고생 유튜버가 뮤직비디오 속 우스꽝스럽게 상체를 부풀려 강조한 복장과 춤을 흉내 낸 이후로 유행하기 시작했습니다. 사람들은 재치 있는 댓글을 달고, 다양한 패러디 영상을 만들며 즐거워했어요.

비: "하루 몇 깡 하세요? 1일 3깡은 해야죠!"

놀림받은 입장인 비 본인도 이 반응을 즐기며, TV 예능프로그램이나 이름에 '깡'이라는 글자가 있는 유명 과자 광고에 출연해 뮤직비디오의 요소를 재현하며 패러디 열풍에 불을 붙였습니다.

정작 처음 영상이 올라왔던 2017년에는 조롱이나 비판하는 반응만 몇몇 보이다 곧 잊혀져버렸던 유튜브 〈깡〉 영상의 댓글창은 2020년 현재, 깡의 팬 '깡팸'으로 가득 찬 '깡뮤니티(깡 커뮤니티)'가 되었습니다.

얼마 전까지만 해도 흘러간 스타로 여겨졌던 비는 이제 다른 유명 연예인들과 함께 프로젝트 그룹 '싹쓰리'를 결성해 큰 호응을 얻으며 가수로서도 새로운 전성기를 맞았습니다. 이는 대중문화시장의 소비자들이 '인터넷 밈(Meme)'이라는 새로운 분야의 놀이를 창조하고 즐기면서 대중문화 시장을 움직인 상황으로 볼 수 있겠지요.

PART

③

누가 놀이를
금지하는가

"왜 놀면 안 되는데?"

중세 프랑스의 살롱은 귀족이나 부르주아(신흥 자본가와 전문가)의 문화적 욕구를 채우는 놀이 장소였어요. 우리 선조들은 맑은 바람과 밝은 달 같은 자연에서 느낀 아름다움에 대한 감상을 시로 짓고 노는 음풍농월(吟風弄月)을 즐겼고요. 한편 평민들은 생활 속에서 놀이를 즐겼지요. 밭을 갈고, 김을 매면서 '노동요'라는 노래를 불렀어요. 모심기처럼 온 동네 사람들이 함께 모여 일할 때 노래 잘하는 사람이 먼저 선창하면, 나머지 사람들이 후렴을 함께 불렀습니다. 노동요는 고된 일의 고통을 잊으려는 방법이기도 했지만, 부르다 보면 어느덧 함께 부르는 노래에 빠져들면서 몰입의 즐거움이 찾아오기도 했겠지요?

하지만 지배층의 놀이가 고급문화로 치켜세워지는 반면, 평민들의 놀이는 그저 불필요한 짓으로 취급되었습니다. 도대체 누가, 어떤 의도로 놀이를 우리에게 빼앗아갔는지 이 장에서 알아보기로 합시다.

01 '호모 에코노미쿠스'의 음모를 파헤쳐라

지금까지 놀이의 여러 가지 장점을 알아보았지요. 그런데 이 좋은 놀이를, 사람들은 왜 나쁘다고 생각하게 됐을까요? 아니, 왜 우리 스스로가 노는 것에 죄책감을 갖게 됐을까요?

| 호모 루덴스 주의보 |

여러분은 지금 '놀이'에 대한 책을 읽고 있습니다. 공부를 잘하기 위한 책이나 전문지식이 빼곡히 담긴 인문학 책을 읽어도 모자랄 판에, '놀이'를 말하는 책을 읽자고 이야기하는 것은 요즘 세상에 큰일 날 소리일지도 몰라요.

그러나 놀이는 문화 이전의 행위이자 문화의 원형[1]이므로, 놀이에서 모든 예술과 문화가 나왔다고 볼 수 있습니다. 인간이 놀지 않았다면 지금의 문화도 없었다는 말입니다.

앞에서 데이비드 엘킨드가 행복하고 생산적인 삶을 위한 필수요소로 '사랑', '일', '놀이'를 들었다고 했어요. 그는 이 세 가지가 서로 분리된 것이 아니며, 각기 기여하는 정도가 다르나 인간의 성장 단계에 따라 관여한다고 했습니다[2]. 특히 놀이를 '스스로 세계에 적응하고 새로운 학습 경험을 창조하고자 하는 욕구'로 보았어요. 이렇게 본다면 "공부는 안 하고 놀기만 한다."라는 표현은 "공부도 해야 하고 놀기도 해야 한다."라고 고쳐야 할 겁니다.

놀이하는 인간, 호모 루덴스를 가장 위험한 존재로 여기는 사람은 누구일까요? 아마도 경제적 인간, 호모 에코노미쿠스(Homo economicus)겠지요[3].

'경제학의 아버지'라고 불리는 애덤 스미스와 같은 고전 경제학자들이 주장한 경제학은 이런 사람들의 손으로 발전했습니다. 애덤 스미스는 사회가 제대로 유지되려면 인간의 이기심을 이용해서 사회적으로 가치 있는 일을 할 방법을 찾아야 한다고 했습니다[4]. 호모 에코노미쿠스들의 이기심은 바로 돈을 버는 것, 그러기 위해 일하는 것입니다. 그런데 아무리 일해도 모자랄 시간에, 호모 루덴스들은 놀기만 하니 얼마나 얄밉고 짜증날까요?

1. J. 히위징이 지음, 김윤수 옮김, 『호모 루덴스』, 까치, 1998
2. 데이비드 엘킨드 지음, 이주혜 옮김, 『놀이의 힘』, 한스미디어, 2008, 15쪽
3. 노르베르트 볼츠 지음, 윤종석 외 옮김, 『놀이하는 인간』, 문예출판사, 2017, 28쪽
4. 박홍규 지음, 『세상을 바꾼 자본』, 다른, 2011, 66쪽

| 개미보다 잘 사는 베짱이 |

그런 마음은 이솝 우화의 '개미와 베짱이'에서도 잘 나타나 있습니다. 무더운 여름 햇빛이 쨍쨍 내리쬘 때, 개미는 열심히 먹이를 모았습니다. 먹을 것이 많던 그 시절, 베짱이는 시원한 나무 그늘에서 노래만 부르며 다가오는 겨울을 준비하지 않았어요. 그러다 추운 겨울이 와서 먹을 것이 없어지자, 추위와 배고픔에 떨던 베짱이는 개미네 집에서 따뜻하게 환대를 받으며 먹이를 얻어먹는다는 줄거리입니다.

　이 우화의 교훈은 부지런히 일해야 나중에 행복하게 살 수 있다

ⓒ 서강선 촬영

2016년 장곡노루마루 축제에 참가한 밴드 동아리

호모 루덴스는 현실 속의 베짱이들입니다. 아무리 호모 에코노미쿠스들이라도 오로지 일에만 집중한다면 정신적 스트레스로 죽어버리고 말겠지요. 독일의 철학자 임마누엘 칸트는, "놀이는 기분 좋은 만족 상태를 촉진하기 때문에 유용하다."라고 했습니다.

여러분은 '개미와 베짱이'를 읽고 나서 베짱이에 대해 기타 치고 놀기만 한다고 비난하지 않았나요? 하지만, 무더운 여름날 울려퍼지던 베짱이의 노래 덕분에 개미들은 고된 노동의 고통을 잠시 잊을 수 있었을 겁니다. 그러므로 베짱이의 노래에 일정한 보수를 지급해야 정당합니다.

는 것입니다. 근면하고 성실하게 일을 할 것을 강조하는 이 이야기는 예전에 초등학교 교과서에도 실렸을 정도로 유명해요. 그러나 시대가 변하면서 여러 나라에서 원작의 이야기와 다르게 패러디되거나, 새로운 시각으로 만들어져 읽히고 있습니다.

프랑수아즈 사강의 『거꾸로 읽는 개미와 베짱이[5]』를 한번 들여다볼까요? 겨울 동안 열심히 먹이를 모은 개미는 여름이 오자 들끓는 파리와 벌레 떼 때문에 고민하다가, 베짱이에게 먹이를 빌려가라고 간청합니다. 그러나 베짱이는 먹는 것을 좋아하지 않아, 개미에게 차라리 싸게 파는 게 어떠냐고 제안합니다. 그러면서 "왜 쓸데없이 겨울 내내 일했어? 이제 싸게 파는 일만 남았네, 대단하다!"라고 조롱하기까지 하지요.

쓸모없는 일을 하고 있는 모습을 보고 경멸하는 의미를 담아 비꼴 때, 흔히 "놀고 있네!"라고 말하던 우리 입장에서는 실로 놀라운 상황이 아닐 수 없습니다.

남들이 놀 때 열심히 일해야 성공할 수 있다고 말하는 사회에서 베짱이는 당당하게 꾸짖습니다.

"남들 놀 때 안 놀고 뭐 했어? 그렇게 일한 너의 노력은 쓸모가 없었어. 그러니 일하지 말고 놀아!"

호모 루덴스와 호모 에코노미쿠스의 대결에서 호모 루덴스가 거둔, 통쾌한 승리입니다.

....
5. 프랑수아즈 사강 지음, 이정주 옮김, 『거꾸로 읽는 개미와 베짱이』, 국민서관, 2013

| 행복해지고 싶은 꼭두각시들 |

그러나 현실에서 과연 이 동화처럼 호모 루덴스가 호모 에코노미쿠스를 이길 수 있을까요? 이미 현실은 근면하고 성실하게 일하는 사람이 '바람직한 인간'이며 성공할 수 있는 가능성이 많다고 여깁니다. 반면 놀기를 좋아하는 사람은 게으르고 미래에 대한 대책이 없는 한심한 사람으로 도식화[6]되었습니다.

우리는 과연 미래의 행복을 위해서 지금 현재 열심히 일해야만 할까요? 그렇게 한다면 미래에는 반드시 행복해질까요?

자, 우리가 열심히 일하는 목적이 무엇인지 곰곰이 생각해보세요. 돈을 벌기 위해서입니다. 그렇다면 누군가 "돈은 벌어서 뭐 하게?"라고 물으면 대답할 수 있나요?

여기서 호모 에코노미쿠스는 말할 테지요. 열심히 돈을 벌어서 은행에 저축하라고. 그리고 또 열심히 일해서 돈을 번 후에, 아껴 모은 돈을 저축하라고.

그렇다면 돈은 왜 계속 모아야 할까요? 돈이 많으면 행복해지기 때문인가요? 돈이 많으면 도덕적 인간이 되기 때문일까요? 돈이 많으면 인격이 훌륭해지기 때문이에요?

거꾸로 생각해봅시다. 돈이 많아야 행복해진다면, 돈이 별로 없는 사람은 행복할 수 없나요?

....
6. 도식화 : 일정한 형식이나 틀에 기계적으로 맞춰짐

왜 열심히 일해야 하는지 누군가 물었을 때, 대부분의 사람들은 행복하게 잘살기 위해서라고 피상적[7]으로 대답할 것입니다. 여기서 행복이란 무엇인지, 잘 사는 것이란 무엇인지를 본질을 따지며 파고들어 가 계속 질문해봅니다. 그러면 '열심히 일해야 한다.'와 '행복하게 잘 살 수 있다.'가 전혀 논리적으로 연관되어 있지 않다는 것을 알 수 있습니다. 자신의 의사가 아닌 타인의 의사에 꼭두각시처럼 조종당하고 있다는 생각이 들지도 몰라요.

| 조상님들이 꿈꾼 청빈한 삶 |

그런 생각은 동양, 우리나라에서도 마찬가지였습니다. 우리 선조들이 지은 고시조를 보면 그런 모습이 잘 나타나 있어요. 옛날 우리 선비들은 안빈낙도(安貧樂道)[8]하는 삶을 미덕으로, 선비의 도(道)이자 풍류로 여겼습니다. 성종의 형, 월산대군이 쓴 시조를 한번 들여다볼까요?

추강(秋江)에 밤이 드니 물결이 차노매라

낚시 드리치니 고기 아니 무노매라

무심한 달빛만 싣고 빈 배 저어 오노매라

....
7. 피상적(皮相的) : 본질적 현상은 추구하지 않고 겉으로 드러나 보이는 현상에만 관계하는 것
8. 안빈낙도 : 가난한 생활을 하면서도 편안한 마음으로 도를 지키며 즐김

© pixabay

세월을 낚는 낚시꾼
오늘날 낚시꾼의 대명사로 불리는 강태공은, 고기가 낚일 리 없는 일자('一'자 모양) 낚싯바늘을 단 낚싯대를 강에 드리우고 세월을 낚으며 때를 기다렸다고 합니다. 월산대군이 낚은 것도 바로 세월 아니었을까요?

가을 밤 강가의 물이 찬데, 낚싯대를 드리워도 물고기는 물지 않습니다. 물고기가 잡히기를 기다리다 날이 추워져 돌아가는 배엔 달빛만 가득합니다.

이 시조에는 고기가 잡히지 않아서 속상하다는 마음이 전혀 없습니다. 무엇인가를 갖기 위해 시간을 내고, 거기서 경제적 이득을 얻는다는 생각 자체가 없는 듯합니다.

우리 선조들은 이런 삶을 청빈[9]한 선비의 생활이라 여기고 실천했습니다. 그것이 고귀한 영혼을 가진 사람의 생활이라고 보았지요.

....
9. 청빈(淸貧) : 성품이 깨끗하고 재물에 대한 욕심이 없어 가난함

왕이 될 수도 있었지만, 당시의 정치 상황 때문에 자신 대신 동생이 왕이 된 월산대군. 세상 어떤 것에도 욕심이 없는 마음이, 그를 왕위와 관련된 사건에 얽히지 않고 살 수 있게 했습니다.

청빈한 삶의 표본이라 일컬어지는 황희 정승이 남긴 시조도 안분지족(安分知足)[10]하는 삶을 노래했습니다.

강호(江湖)에 봄이 드니 이 몸이 일이 하다

나는 그물 깁고 아이는 밭을 가니

뒷 뫼에 엄긴 약을 언제 캐려 하느니

한 나라의 정승이라는 벼슬까지 한 사람이지만, 임기가 끝나고 나서 시골로 내려와 가난하게 사는 삶을 노래하고 있습니다. 겨우 자신이 먹을 것이나 마련하는 삶 속에, 봄이 오니 계절의 순리에 맞춰 물고기를 잡고 밭을 갈아 곡식을 심을 채비를 하는 모습이 눈에 보이는 듯합니다.

이 시에서도 그물로 물고기를 많이 잡아 팔아서 돈을 벌어야 한다는 경제의 원리는 눈을 씻고 봐도 찾을 수 없네요.

....
10. 안분지족 : 편한 마음으로 자기 분수를 지키며 만족할 줄 앎

02 지금 우리는 돈으로 행복을 삽니다

여러분은 워라벨이라는 말을 아시나요? '일과 삶의 균형'을 뜻하는 '워크 앤 라이프 밸런스(Work and Life Balance)'의 줄임말입니다. 오랜 시간 일하기보다 일과 개인적 삶 사이의 균형을 맞출 필요가 생기면서 새롭게 만들어진 말이지요. 1970년대 영국과 미국에서 등장한 개념이지만, 한국에서는 2018년부터 새롭게 주목받기 시작했습니다[11].

| 건강하고 행복하게 살고파 |

워라벨 이전에는 웰빙(Well-being)이라는 말이 우리 사회에 유행하며,

....
11. 다음 백과에서 인용 편집함

자연 속에서 명상하는 모습
웰빙을 추구하는 밑바탕에도, 결국 자신의 생활 방식을 스스로 원하는 대로 통제하고 싶은
욕망이 숨어 있습니다. 만일 그저 웰빙족처럼 살아가는 데에만 집착해, 그러기 위해서 무리
해서라도 돈을 벌고자 애쓴다면 '웰빙'이라고 할 수 있을까요?

음식·여가·집·생활 등 삶의 여러 가지 분야에서 웰빙을 강조했습
니다. '복지·안녕·행복'을 뜻하는 웰빙은 물질적 풍요만 추구하던
첨단 산업 사회에서 육체와 정신의 건강하고 조화로운 결합을 추구
하며 새로운 삶의 방식을 찾는 문화 현상입니다.

웰빙은 다양한 개념을 포함하고 있어 하나로 정의하기가 어렵지
만, 결국 물질적 가치나 명예를 추구하기보다는 건강한 몸과 마음
을 가지고 살아가는 삶이 행복이라고 생각하는 것입니다. 우리나
라에서는 2003년 후반부터 이른바 웰빙 붐이 일기 시작했는데, 이
런 삶을 추구하는 사람들을 '웰빙족'이라고 불렀습니다. 구체적으
로 어떻게 산다는 건지 궁금하지요? 웰빙족은 식생활에서 육류보

다 생선과 유기농산물을 선호하고, 단전호흡·요가 등의 명상 요법과 여행·등산·독서 등의 취미 생활을 통하여 심신의 건강을 추구하는 것이 특징입니다[12].

워라벨이든, 웰빙이든 그 밑바탕에 깔린 생각은 비슷합니다. 돈을 많이 벌어 행복하게 살려고 했는데, 결과적으로 삶이 힘들어져 행복이 멀어졌으니 돈을 버는 시간을 줄여 행복을 추구하는 시간을 갖자는 것. 위에서 언급한 우리 선조들의 '안빈낙도' 하는 삶의 태도와 '웰빙'은 표현만 다를 뿐 큰 차이가 없는 것처럼 느껴집니다.

| 놀면 안 되는 나라 |

어쩌면, 21세기의 현대를 사는 우리는 너무 노는 것을 '악(惡)'으로만 보고 있지 않나요? 특히 우리나라는 더욱 그렇습니다. 경제협력개발기구(OECD)의 연간 노동 시간 통계[13]를 보면, 우리나라의 연간 노동 시간은 2018년 기준으로 1,993시간이었습니다. 멕시코는 2,148시간으로 최하위를 차지했고, 그 위를 코스타리카가 2,121시간으로 조금 앞섰습니다. 그 다음이 우리나라인데, 세계 세 번째로 일을 많이 하는 나라가 된 셈입니다.

가장 노동 시간이 짧은 나라는 독일로 1,363시간이었습니다. 그

12. 다음 백과에서 인용 편집함
13. https://stats.oecd.org/Index.aspx?DataSetCode=ANHRS#

다음이 1,392시간의 덴마크와 1,416시간의 노르웨이였어요. '경제적 동물(Economic animal)[14]'이라는 별명이 붙었던 일본도 1,680시간밖에 일하지 않아요. 이제는 우리와 비교할 수 없는 시간의 차이가 있습니다.

어째서 근면하고 성실하고 열심히 일하는 우리나라보다 일을 덜하는 독일, 덴마크, 노르웨이와 같은 유럽의 나라들이 더 잘사는 걸까요?

여러분은 MBC 에브리원에서 방송되는 TV 프로그램 〈어서와~ 한국은 처음이지?〉를 본 적 있나요? 한국에 있는 외국인 방송인들이 모국의 친구들을 초대해 관광하는 내용입니다. 그중 한 에피소드에서 세 명의 덴마크 친구들이 장거리 비행을 마치고, 공항의 카페에서 커피를 산 후 '휘게'를 즐기던 모습이 생각납니다. 그들은 한국의 유명한 곳을 빨리 찾아가서 보고, 무엇인가 새로운 경험을 해야 한다는 압박감이 없어 보였습니다. 여유롭게 돌아다니면서 아침의 침대 속에서도 '휘게'를 즐기고, 특별한 여행지가 아닌 곳에서도 '휘게'라는 여유를 즐겼습니다. 이런 태도가 여행지에 와서 갑자기 생기는 것은 아닙니다. 덴마크 사람들의 일상적 문화가 여행지에서도 자연스럽게 나온 것이겠지요.

....
14. 『한국경제매거진』, 〈[Editor's note] 이코노믹 애니멀의 숙명〉, 2011.03.31

| 세상에서 가장 불행한 아이들 |

우리나라 어린이와 청소년들은, 경제협력개발기구(OECD) 회원국 어린이·청소년 중에서 가장 행복하지 못한 집단이라는 연구결과가 2016년에 나왔답니다[15].

우리나라 어린이·청소년 5명 중 1명은 자살 충동을 느낀 적이 있었으며, 특히 전체의 5%는 3번 이상 자살 충동을 경험한 '자살 충동 위험집단'에 속했습니다.

한국 어린이의 주관적 행복지수는 82점으로, 조사 대상인 OECD 회원국 22개국 중에서 가장 낮았어요. 주관적 행복지수란 스스로 생각하는 행복의 정도를 OECD 평균(100점)과 비교해 점수화한 것이에요. 주관적 행복지수가 가장 높은 나라는 스페인으로 118점이었으며, 오스트리아와 스위스가 그 다음이었습니다.

그로부터 3년이 지난 후에도 우리나라의 어린이와 청소년의 행복도는 OECD 국가 중 여전히 최하위였습니다. 2019년 조사 결과, 행복도의 평균 점수는 10점 만점에 6.57점으로 지난 2013년 조사보다 조금 높아졌지만, 2015년 OECD 27개 회원국 아동 웰빙지수 평균 7.6점에는 크게 못 미쳤습니다[16].

우리나라 아동과 청소년들은 어째서 행복하지 못할까요? 학자들은

---

15. 연세대 사회발전연구소 염유식 교수팀이 발표한 「2016 제8차 어린이·청소년 행복지수 국제비교 연구」 보고서 참조.
『연합뉴스』, 〈한국 어린이·청소년 행복지수 OECD 꼴찌〉, 2016.05.02

경제적 불평등의 심화라든가, 취약 계층 아이들의 증가 등을 이유로 들기도 했습니다. 그런데 OECD에는 우리나라보다 경제적 불평등이 더 심하거나 취약 계층 비율이 더 높은 나라들도 있습니다. 그렇다면, 우리나라 아동 청소년의 행복지수가 그 나라들보다도 훨씬 차이나게 최하위를 기록한 데에는 다른 이유가 있는 게 아닐까요?

2010년 조사 결과, 한국 사회의 어린이와 청소년들이 불행해진 원인 중 가장 큰 것은 '과도한 학업 스트레스'였습니다[17]. 학업 스트레스는 학년이 높아질수록 더욱 커졌으며, 고등학교 3학년 학생의 84.1%가 스트레스를 느끼고 있었지요. 그다음 원인인 '부모와의 대화 단절 및 갈등'은 초등학교 6학년 어린이의 24.4%, 중·고등학교 학생들의 절반 정도가 겪고 있었습니다.

그렇다면 지금은 어떨까요? 2019년 우리나라 청소년들의 주관적 행복지수 표준점수는 88.51점이었습니다[18]. 10년 전의 조사 점수 65.1점에 비하면 높아졌지만, 여전히 OECD 22개국 가운데 20위라는 낮은 수치예요.

우리나라 청소년들이 행복하지 않다고 느끼는 가장 큰 원인은 과

....

16. 『연합뉴스』, 〈아동·청소년 행복수준 여전히 OECD 최하위권〉, 2019.08.27
17. 『경향신문』, 〈한국의 아이들 "우린 행복하고 싶어요"〉, 『경향신문』, 2010.05.05
　　당시 연세대 사회발전연구소와 한국방정환재단이 초등학생을 포함한 전국 5,437명의 청소년을 대상으로 '한국 어린이·청소년 행복 지수'를 조사한 결과.
18. 『경향신문』, 〈[오래 전 '이날'] 10년 전 한국 어린이 '삶의 만족도' 최하위… 지금은?〉, 2020.05.05
　　2010년과 동일한 연구기관(연세대 사회발전연구소, 한국방정환재단)이 초등학교 4학년부터 고등학교 3학년까지의 총 7,454명을 대상으로 같은 조사를 실시한 결과.

도한 학업 스트레스. 그 다음 원인인 부모와의 갈등 역시, 왜 갈등
이 생겼는지까지 분석해본다면 학업 부진이나 진로결정으로 인한
갈등도 꽤 크게 자리 잡고 있으리란 추측도 해볼 수 있습니다. 여러
분이 마음속으로 겪는 스트레스도 학업이 원인이고, 부모와 겪는
갈등도 학업이 원인이라면 도대체 얼마나 공부를 해야 그 스트레스
에서 벗어날 수 있을까요?

우리나라 학생들의 평균 학습 시간이 세계에서 가장 높다는 것은
일찍이 알려진 바입니다. 2006년 PISA의 조사 결과, 한국 학생들의
학교 수업 시간과 개인적으로 따로 공부하는 시간을 합치면 매주
50시간이었어요. 핀란드, 노르웨이, 덴마크, 스웨덴 학생들의 30시
간 이하의 학습시간과 거의 두 배에 가까운 차이를 보입니다.

그런데 이는 대학교 입시를 위한 공부 시간이며, 우리 청소년들
은 미래에 잘 살기 위해 현재를 입시 준비를 위한 공부 시간으로 투
자한다는 거예요. 놀지 못하고, 자유가 없이 공부만 하는 삶을 사는
우리나라 아동과 청소년들이 행복하지 않은 것도 납득이 갑니다.

| 아이들이 생각하는 행복의 조건 |

우리나라 아동과 청소년들에게 "행복하기 위해 가장 필요한 것은 무
엇인가?"란 질문을 하고 답변을 집계한 조사가 있습니다[19]. 초등학교
4학년 어린이는 '가족'을 꼽은 경우가 54.4%로 가장 많았고 그다음으

로 건강, 자유, 친구, 성적, 돈 순서였어요. 그러나 학년이 높아질수록 '가족'이라는 답변의 비율은 지속적으로 감소한 반면 '돈'이라고 답한 비율은 꾸준히 증가했습니다.

여기서 우리는 행복의 조건에 대한 어린이들의 생각이 왜 고학년이 될수록 '가족'에서 '돈'으로 바뀌어가는지 따져볼 필요가 있습니다.

사실 아예 터무니없는 변화는 아니에요. 어렸을 땐 자신을 돌봐주는 가족 곁에서 안전하게 성장할 수 있기에, 가족이 필수 조건이자 행복의 조건입니다. 점차 독립적 삶을 살게 되면서 가족의 필요성은 차츰 감소하지만, 독립적 삶을 살 수 있게 하는 경제력인 돈은 더욱 필요해질 것입니다.

그런데 조금 성장했어도 여전히 스스로의 생계를 책임지는 입장은 아닐 어린이들이, 과연 독립적 삶만을 위해 '돈'이 필요하다고 했을까요? 아마도 자유롭고 재미있는 삶을 살고 싶어서 돈을 필요로 하지 않았을까 하고 추측해보겠습니다.

자유롭고 재미있는 삶을 살기 위해 돈이 필요하다면, 우리가 돈을 버는 이유는 호모 루덴스로 살기 위해서입니다. 자, 여러분도 이제 궁금하지 않나요? 왜 '나중에' 노는 데 돈이 필요함에도 불구하고, 나중에 필요한 돈을 벌기 위해 '지금' 일을 열심히 해야만 하나요? 지금 열심히 하면 나중에 돈을 많이 벌 수 있을까요?

....

19. 연세대 사회발전연구소, 한국방정환재단의 초등학교 4학년부터 고등학교 3학년까지의 총 6,410명 대상으로 한 2011년 조사 결과.

03 일 권하는 시대, 자본주의가 불렀다

동창이 밝았느냐 노고지리 우지진다

소 치는 아이는 상기 아니 일었느냐

재 너머 사래 긴 밭을 언제 갈려 하나니.

이번에는 남구만[20]의 시조를 봅시다. 봄이 오고 바쁜 시기에 해는 이미 하늘에 떠 있는데, 밭을 갈아야 하는 아이는 아직도 자고 있네요. 그 방 문밖에서 일찍 깬 밭 주인이 서성거리며 늦잠 잔다고 구시렁거리는 모습이 눈에 그려집니다.

밭 주인의 입장에서는 아이가 얼른 일어나 밭을 갈아야 씨를 뿌리고 가을에 수확할 텐데 저렇게 자고 있으니 애가 타겠지요. 그런데 아이는 일찍 일어나 부지런 떨 이유가 없습니다. 그 밭에 씨를

....

20. 조선후기 함경도관찰사, 형조판서, 영의정 등을 역임한 문신(한국민족문화대백과사전 참조)

뿌려 수확한다 해도 그것은 주인의 것이지, 아이의 것이 아니니까요. 아이가 부지런히 일해도 주인이 부자가 되는 것이지, 아이가 부자가 되는 것이 아닙니다. 그러니 굳이 달콤한 아침잠을 포기하고 일찍 일어나서 밭을 갈 이유가 없지요.

게다가 저 상황이 조선 시대가 아닌 현대라면, 밭 주인은 의무교육법을 어기고 어린아이를 학교에도 보내지 않고 밭일을 시키려는 나쁜 사람입니다. 이렇듯 시조 한 편도 시대적 관점에 따라, 사람의 입장에 따라 달리 볼 수 있어요.

| 자본주의의 보이지 않는 손 |

청소년 여러분은 공부를 안 하고 놀 때, 죄책감이 든 적이 없나요? 우리는 왜 그런 감정을 느꼈을까요? 언제부터 사람들에게 사회가 일을 강요하게 되었을까요?

그것은 자본주의의 탄생과 관계가 있습니다. 자본주의가 탄생하기 전의 사회에서는 '자본을 축적하는 일', 즉 '돈을 버는 일'이 자랑스러운 일이 아니었습니다. 오히려 천박한 짓이었어요.

자본주의가 탄생한 서양에서조차, 중세 가톨릭 교회에서는 "낙타가 바늘귀로 들어가는 것이 부자가 하느님의 나라에 들어가는 것이 쉽다[21]."라는 성경 구절에 충실했습니다[22].

앞에서 우리나라의 선조들은 안빈낙도를 청빈한 삶의 표본, 이상적인 삶이라 생각하고 그렇게 살아가려고 노력했다는 이야기를 했지요. 이런 삶의 태도는 서양에서도 비슷하게 나타났던 거예요[23].

역사 이전, 기독교 관점에 따르면 최초의 인간일 아담과 이브 시대라면 신 아래의 모든 인간이 평등했을 테지요. 그러다 사람들이 모여 살기 시작하면서, 무리 속에 힘을 가진 자가 나타났을 겁니다. 힘을 가진 자는 외부로부터 안전하게 지켜주는 대가로 다른 사람들의 자유를 억압하고 일을 시켜서 생산물을 만들게 했겠지요. 그 생산물은 힘을 가진 자들이 일을 하지 않고도 풍족하게 살아갈 수 있게 했을 테고, 안전을 지키기 위한 군사력을 갖추는 데 쓰였을 겁니다. 농업, 축산업, 어업, 임업과 같이 자연을 이용하는 일을 해서 생기는 물건들이요.

이렇게 사람들이 자신의 안전을 지키기 위해 군사력을 갖춘 영주에게 의탁하여 농사를 짓고 농산물을 영주에게 바치던 삶은, 자본주의의 탄생과 함께 깨지게 됩니다.

산업혁명이 일어나고 기계가 공산물을 생산하면서, 농산물보다 공산물 생산을 위한 원료가 더 큰 돈벌이가 되었으니까요. 모직물을 만들기 위해 양 떼를 기르기 시작하면서, 양 떼를 먹일 넓은 풀밭이 필요해졌습니다. 더 이상 농사를 지을 사람들이 필요하지 않자, 영주들은 그들을 내쫓았습니다. 내쫓긴 사람들은 공장이 있는

21. 『신약성경』, 마태복음 19장 24절
22. 김성은 지음, 막스 베버 원저, 『근대인의 탄생』, 아이세움, 2011, 127쪽
23. 유범상 지음, 『이기적인 착한 사람의 탄생』. 학교도서관저널, 2018

도시로 모여들어 노동자가 되었습니다. 이 노동자들 중 일부는 상품을 파는 과정에서 돈을 벌어 부르주아가 되었지만, 대다수는 가난한 도시노동자로 살아갔어요.

돈을 번 부르주아들은 자본을 축적했지만 세상은 아직까지 그들의 편이 아니었습니다. 왜냐하면 앞서 말했듯 서양에서도 16세기 이전에는 돈을 버는 것이 천박한 일이었기 때문입니다.

'서양 철학의 아버지'로 불리는 고대 그리스 철학자 플라톤은 저서 『국가』에서 소크라테스의 말을 빌어 "감각적 욕망으로 인한 금전적 욕망은 이성과 야망 모두를 노예로 만든다."라고 했습니다. 플라톤의 제자 아리스토텔레스도 욕망을 절제하면서 남에게 베풀 줄 아는 태도를 갖고 적절한 방법으로 만든 부유함만 인정했어요. 특히 중세 이전의 서양사회의 중심사상이었던 기독교 교리에서도 교만, 탐욕, 육욕, 성냄, 식탐, 질투, 태만을 차례대로 7가지 중요한 죄라고 보았습니다. 이런 규율은 농업 중심 사회에서 필요했던 가치관이라고 할 수 있어요[24].

그러다 부르주아들이 자본을 축적하자, 그들의 경제 활동을 옹호하는 경제학자들이 나오기 시작했습니다. 대표적 인물 애덤 스미스는 각종 사회교과서의 경제 단원에서 '보이지 않는 손'을 소개할 때 등장하는 학자입니다. 보이지 않는 손은 그의 책 『국부론』에서 단 한 번 등장한 말인데, 그로 인해 후세까지 유명해진 셈이에요.

24. 박홍규 지음, 『세상을 바꾼 자본』, 다른, 2011, 118쪽

그 의미는 정부가 사적인 경제 활동에 제재를 가하지 않도록 법을 만들고, 자유로운 경쟁을 보호하고, 누군가 혼자 어떤 분야를 독점하여 이익을 보는 행위를 규제하여 자유롭게 무역이 가능하도록 하자는 것입니다.

또한 그는 정부가 그 속에서 사유 재산을 보호하고, 부채를 지불하게 하며, 공공비용으로 무역이나 경제 활동이 활발해질 수 있도록 공공사업, 도로, 항만, 운하를 세우고 유지할 수 있게 해야 한다고 말했습니다. 그리고 모든 계급의 청소년이 교육을 받을 수 있도록 대학이나 학교 등을 정부가 지원해야 한다고도 했어요[25].

애덤 스미스의 보이지 않는 손은 우리가 흔히 오해하는 뜻과 달리, "정부가 시장 경제에서 손을 놓고 자본의 흐름을 방치해야 한다."라는 의미가 전혀 아닙니다. 오히려 "자유로운 무역이 가능하도록 정부가 개입해야 한다."라는 것이 그가 주장하던 바였어요.

| 돈 버는 게 성스러운 일이라고? |

여러분은 서양의 종교 개혁에 대해 알고 있나요? 흔히 알려진 대로 "종교 개혁가들이 부패한 교회에 반대하여 금욕적으로 살자고 주장했다."라고만 간단히 알고 있지 않나요? 이제 종교 개혁이 어떻게

....
25. 박홍규 지음, 『세상을 바꾼 자본』, 다른, 2011, 43쪽

자본주의를 탄생시켰는지, 한번 알아보아요.

서양 중세시대는 가톨릭 교회의 권력이 매우 컸고, 종교적 가치를 중요하게 생각했습니다. 교회는 금욕적인 생활을 해야 신에게 구원받아 나중에 천국에 갈 수 있다고 여겼지요. 그래서 돈을 빌려주고 이자를 받는 고리대금업 같은 것은 탐욕스러운 행위로 생각하고 금지했어요.

그런데 가톨릭 교회가 차차 부패하면서 강제로 사람들에게 헌금을 걷고, 사제직을 비싸게 매매하는 등 탐욕이라 비난하며 막았던 행위를 종교의 이름으로 저지르기 시작했습니다.

그 무렵 독일에서 종교개혁가 루터가 등장하여 가톨릭을 비판했습니다. 가톨릭의 온갖 수탈에 시달리던 수많은 독일의 농민이 그의 주장에 동조했고, '농민 전쟁'이라 할 만한 규모의 반란을 일으켰어요. 그러나 루터는 농민의 편에 서지 않고, 귀족과 제후의 편을 들며 농민들을 무자비하게 제압할 것을 요구했습니다.

이렇게 루터와 가톨릭이 대립하는 중에, 또 다른 종교개혁가 칼뱅이 나타났습니다[26]. 예정설을 주장한 칼뱅은 루터보다 더 급진적이었어요. 아무리 교회에 나가도, 헌금을 많이 해도, 아무리 신의 뜻을 지키며 살아도 천국에 갈 수 없다고 했거든요. 그 사람이 천국에 갈 수 있는지 없는지 이미 예정되어 있기 때문에, 그가 현실에서 하는 행위는 천국행 여부에 전혀 영향을 주지 못한다는 것입니다.

....
26. 김성은 지음, 막스 베버 원저, 『근대인의 탄생』, 아이세움, 2011, 65쪽

그렇다고 해서 천국행을 의심하는 것은 신의 은총이 없다고 의심하는 것과 같으니, 의심하지 말고 그저 '자기 직업에 충실히 임하는 것'만이 신의 구원을 확신하는 수단이라고 주장했습니다[27]. 드디어, 천국에 가기 위해 일하고 돈을 버는 '개미'가 탄생한 셈이에요.

그는 돈을 빌려주고 이자를 받는 행위는 정당하며, 상업적으로 성공하는 것은 신의 뜻이라고 했습니다. 이제 자본가와 은행가의 행위에는 정당성과 함께 '성스러운 일'이라는 의미까지 부여되었습니다. 이것이 칼뱅의 종교 개혁이에요.

| 부지런해야 천국 간다 |

독일의 사회학자 막스 베버도 "종교 개혁이 바로 자본주의 정신"이라고 지지해주었습니다[28]. 그는 자본주의를 사회 현상이자 문화 현상으로서 연구한 학자입니다.

자, 여러분도 함께 생각해봐요. 여러분은 자본주의가 무엇이라고 생각하나요? 단순히 경제 자본을 축적하는 것이 자본주의일까요? 유럽이나 미국처럼 자본주의가 발전한 서양이 아니라, 동양에도 자본을 축적한 부자들이 있었습니다. 그런데 이들을 자본가(부르주아)라고 하지는 않아요. 왜 그럴까요?

....
27. 김성은 지음, 막스 베버 원저, 『근대인의 탄생』, 아이세움, 2011, 154쪽
28. 박홍규 지음, 『세상을 바꾼 자본』, 다른, 2011, 117쪽

근대 시대에 들어와서 서양 국가들이 합리성을 추구한다는 명목으로 동양과 다른 나라를 약탈한 것, 부르주아들만이 아니라 국가조차도 돈을 벌어서 자본을 축적하는 데 몰두한 것, 사람들이 근면성실하게 돈을 버는 삶의 태도를 최고의 미덕이라고 여기게 된 것 모두 종교 개혁과 자본주의 정신에 원인이 있습니다.

막스 베버는 그의 책 『프로테스탄티즘의 윤리와 자본주의 정신』에서, 자본주의에 종교개혁자들의 논리가 뒷받침되면서 사람들의 의식이 크게 바뀌게 됐다는 것을 증명했습니다[29].

16세기 이전까지만 해도 서양 가톨릭 기독교 교회는 돈벌이에 몰두하는 것을 탐욕이라고 여겨 금지했다고 말했지요? 종교 개혁 이후, 기독교는 공산품을 생산하는 원료를 가져오거나 생산한 상품을 팔기 위해 식민지를 침략하는 유럽 국가들의 행위를 '종교를 전파하기 위한 정당한 행위'로 합리화했습니다. 자본 축적에 대해서도 탐욕이 아니라 바람직한 행위라고 말하기 시작했어요[30].

종교 지도자들은 누구든 근면 성실하게 일하면 돈을 벌 수 있고, 돈이 있어야 천국에 갈 수 있다고 말하게 되었습니다. 긴 시간 일해서 번 돈으로 자기 가족이 행복하게 살 수 있게 책임지라고도 했지요. 이제 근면 성실하지 않은 인간은 '가족의 행복을 책임지지 않으려는 나태한 인간'이 되어 도덕적으로 비난을 받았습니다. 천국행은 당연히 꿈도 꾸지 못했겠지요.

....
29. 김성은 지음, 막스 베버 원저, 『근대인의 탄생』, 아이세움, 2011, 122-123쪽
30. 박홍규 지음, 『세상을 바꾼 자본』, 다른, 2011, 118쪽

착한 성품을 지니고 공동체를 위해 봉사하던 사람들이 가는 곳이던 천국은, 이제 부지런한 사람들이 가는 곳으로 바뀌었습니다. 천국은 그대로인데 천국 가는 기준만 바뀌었지요. 자본을 쥔 사람들과, 이들을 옹호하는 종교지도자들에 의해서요. 그렇게 자본주의 세상은 노는 것을 '악', 부지런히 일하는 것을 '선'으로 나누어버렸습니다. 이것이 자본의 논리에 종교의 이름으로 신앙과 윤리를 결합시켜 사람들의 생활윤리로 자리 잡게 만든 흐름이에요.

04 누구를 위하여 돈을 버는가?

사람들은 자기 자신이 스스로의 의지로 생각하고 움직인다고 여깁니다. 하지만, 과연 그럴까요? 여러분이 사용하는 스마트폰으로 예를 들어보겠습니다. 지금 가지고 있는 스마트폰이 여러분의 첫 스마트폰인가요? 아마 아닐 겁니다. 그럼 스마트폰을 왜 바꿨나요? 고장이 나서? 사용하기 불편해서? 아니요, 새롭고 더 좋은 스마트폰이 자꾸 출시되기 때문이지요.

또한 스마트폰의 배터리는 몇백 회 이상 충전하면 용량이 줄어들어, 약 2년이 지나면 수명이 다하게 됩니다. 휴대폰 약정기간도 보통 2년이며, 매해 새로운 스마트폰이 그 기능을 자랑하며 출시됩니다. 그래서 배터리를 바꾸기보다 새 스마트폰을 구입하는 게 더 이익이라는 대리점의 판매원 말을 듣다 보면, 정말 그런 것 같아 어느덧 새 것을 구입하게 되지요. 아직 사용하는 데 문제없는데 새 스마트폰이 탐나서 사는 사람도 있을 테고요.

현재 대부분의 스마트폰은 배터리를 분리할 수 없는 일체형이라, 그냥 새 배터리를 사기만 하면 끝이었던 초기 스마트폰이나 폴더폰 시절보다 배터리를 교체하기도 불편해졌고 교체비용도 비싸졌습니다. 그리고 사람들은 방전되는 상황을 대비해 보조배터리도 함께 구매하게 되었고요.

수리업계 역시 "스마트폰을 떨어뜨렸을 때 배터리가 분리돼야 본체에 갈 충격이 최소화되는데, 일체형은 충격을 그대로 흡수해 내장 하드가 쉽게 고장 날 가능성이 높다."라는 의견입니다. 하지만 제조사들은 더 얇게 만들어 멋지게 디자인할 수 있고, 원가를 낮출 수 있고, 스마트폰 교체시기를 단축시킬 수 있는 일체형 배터리를 고집합니다[31].

그런데 이상하지 않나요? 기술이 발전할수록 싸고 튼튼하고 좋은 물건을 오래 사용할 수 있게 되어야 할 텐데, 스마트폰은 발달할수록 더 비싸지고 더 약해지고 더 수명이 짧아졌어요. 그리고 이것은 스마트폰에만 해당되는 상황이 아닙니다. 요즘 인기 있는 물건들을 생각해보세요. 싸고 품질이 좋아서 유행하는 것이 많나요, 아니면 더 신경 쓴 디자인이라거나 유명인이 사용했다는 이유로 유행하는 것이 많나요?

여러분은 값싸고 질 좋은 것을 더 선호하나요, 아니면 비싸도 유행하는 것을 사게 되나요? 유행은 누가 만드는 것일까요? 우리는

---

31. 『시사주간』, 〈분리형 배터리 스마트폰 종적 감춘 이유〉, 2018.11.22

스스로의 의지대로 행동한다고 생각하지만, 사실은 사회적 관계나 문화 또는 이윤을 추구하는 자본가들의 욕망에 따라 자신의 의지가 만들어지고 그것에 맞추어 행동하는 경우가 많답니다.

| '가진 자'를 위하여! |

자본이 고용주들에게 축적되기 전에는 노동으로 생산한 상품들은 모두 노동자 자신에게 돌아갔습니다[32]. 못된 영주가 비싼 세금을 거두더라도, 농산물 자체는 어디까지나 그 밭을 일군 농민의 것이 었으니까요. 하지만 상황이 달라지기 시작했어요.

상품을 생산해서 만들어진 자본이 개인에게 축적되면서, 땅이나 자본을 가진 사람들은 그것을 사용할 때 비용을 요구하기 시작했습니다. 자신이 가진 것들을 사용한 데 지분을 요구하기 시작하면서, 가진 자들은 일하지 않아도 이득을 얻게 된 것입니다.

그렇게 일하지 않고 자신의 재산으로 자본을 불릴 수 있는 집단이 생겨났으며, 이들은 노동자들에게 가혹하게 노동을 시켰어요. 이윤을 많이 내기 위해 가능한 한 임금을 적게 주며 노동자들을 부렸습니다. 그들은 여윳돈을 노동 환경에 투자하지도 않아, 노동자들이 비위생적이고 열악한 환경에서 일하게 만들었습니다.

....
32. 이몬 버틀러 지음, 이성규 옮김, 『(읽기 쉬운) 국부론 요약』, 율곡, 2015

나쁜 환경에서 쉬지 않고 일해야 먹고살 수 있는 노동자들은 차츰 죽어갔어요. 18세기 후반 산업혁명 당시 영국 노동자들의 하루 근로 시간이 평균 16시간, 빈민가 주민의 평균 수명이 17세였다는 기록[33]을 보면, 얼마나 중노동에서 허덕였는지 짐작할 수 있겠지요?

　이 시기부터 가정도 노동력의 원천을 만들어내는 곳으로서, 가장이 가정의 행복을 위해 생계를 책임져야 한다고 강조하기 시작했습니다. 이렇게 되어야 자본가들이 원하는 노동력이 끊임없이 재생산되는 구조가 만들어지니까요. 한마디로 사람이 사람답게 살 권리를 국가나 사회가 아닌 '가장'이라는 개인의 책임으로 돌린 것이죠.

　애덤 스미스조차 『국부론』에서 "어떠한 사회도 그 구성원들의 대다수가 가난하고 비참한 상태에 있다면 결코 번영할 수도 없고, 행복할 수도 없다[34]."라고 언급하고 있듯 사회가 발전하려면 사회나 국가가 구성원이 인간다운 삶을 살 수 있도록 구조적으로 체계를 갖추어야 합니다. 그러나 자본주의 초기에는 인간답게 일할 수 있는 노동 환경을 만들지 않고 임금도 제대로 주지 않으면서, 더 많은 이윤을 만들기 위해 그런 책임을 '가장'이라는 개인에게 떠민 것입니다.

　자본주의 사회에서는 오로지 자본을 축적하기 위해 더욱더 열심히 일해서 상품을 생산하는 것이 '선(善)'이었어요. 그 이후 자본의 개념이 금융을 포함하여 확대되기 시작했습니다. 그리고 자본주의

···················
33. 『미디어펜』, 〈4차 산업혁명 쓰나미… 우리 노사관계는 아직 1차 산업혁명기?〉, 2018.02.03
34. 애덤 스미스 지음, 유인호 옮김, 『국부론』, 동서문화사, 2017, 제1권 제8장 96쪽

사회에서, 호모 루덴스는 사회체제를 무너뜨리려는 불온한 세력으로 눈총을 받기 시작했어요.

그러면서 사회는 더 열심히 일해서 돈을 벌 것을 강요하기 시작했습니다. 자, 그럼 생각해봅시다. 우리는 돈을 벌어서 무엇을 할까요? 우리는 사고 싶은 것을 사고, 하고 싶은 것을 하기 위해서 돈을 벌지요. 놀기를 포기한 호모 루덴스는, 호모 에코노미쿠스가 생산한 물건과 서비스를 사기 위해 일을 합니다. 그럼 그 이익은 누구에게 돌아갈까요?

당연히 호모 에코노미쿠스가 자신들의 경제적 이익으로 고스란히 가져갈 겁니다. 또한 그들은 자신에게 돌아올 경제적 이익을 절대로 다른 사람과 나누지 않고, 자신의 통장에 차곡차곡 쌓으면서 더욱더 자본을 불리겠지요.

| 지구는 지금 파산 직전 |

애덤 스미스가 수립한 경제학의 가장 큰 문제점은, 자원이 한정되어 있다는 것을 전제하지 않은 데 있습니다. 그는 지구의 자원을 무한정한 것으로 여겼고, 그것을 개발해서 만든 상품을 팔아서 개인의 이윤을 추구하는 것을 경제의 최고 목표로 생각했어요.

그러나 지금 우리가 맞고 있는 현실은 어떤가요? 과학과 문명이 빠르게 발전하면서, 자본을 이용하여 자원을 개발해 상품을 만드는 행위들은 에너지를 더 필요로 하게 되었습니다. 그동안 우리가 주로 사용했던 에너지는 화석 연료였고, 지구에 매장된 광물 자원을 주로 사용했어요. 그러나 이 매장량에는 한계가 있지요. 2011년에 발표된, 주요 자원의 매장량과 채굴 가능 연수는 아래 표와 같습니다[35].

원자력을 만드는 우라늄조차 앞으로 채 100년이 못 되어 전부 써버리게 됩니다. 우리는 이처럼 무한정할 줄 알았던 지구의 자원이 고갈되어 후손에게 더 이상 물려줄 것이 없는 상황에 부딪혔어요[36].

그러나 죽은 애덤 스미스가 벌떡 일어나 "이건 내가 생각했던 경제학이 아니야!"라고 울부짖어도 호모 에코노미쿠스는 결코 이윤 추구 활동을 멈추지 않을 것이며, 점점 더 매력적인 상품으로 우리 호모 사피엔스들을 소비의 세계로 계속 끌어들일 겁니다.

주요 자원의 매장

주요 자원	석유	천연가스	석탄	우라늄
매장량	약 2,343억 톤	약 2,084천 억m³	약 8,609억 톤	약 532만 톤
채굴 가능 연수	59년	64년	218년	98년

....
35. BP Statistical Review of World Energy, 2012 (World Nuclear Association, 2012), 천재학습백과 재인용
36. 박홍규 지음, 『세상을 바꾼 자본』, 다른, 2011, 137쪽

| SNS의 소비 중독자들 |

홈쇼핑에서 별로 필요 없는 물건을 사들이면서, 배달된 택배상자를 뜯어보지도 않고 또 새로운 걸 사버리는 쇼핑 중독자들. 이 사람들을 누가 유혹했을까요? 당연히 호모 에코노미쿠스들이겠지요.

쇼핑 중독자들은 물건을 사들이지 않으면 불안하고 우울해서 견딜 수가 없습니다. 그래서 포장을 풀어보지도 않을 물건들을 습관처럼 사면서 불안과 우울에서 벗어나려고 애씁니다. 그렇지만 취미처럼 쇼핑을 반복한다고 과연 불안과 우울을 극복할 수 있을까요?

그래서 칙센트미하이는 그의 책 『몰입』에서, 현대인이 삶에서 느끼는 불안과 우울에서 벗어나고 외부에 휘둘리지 않으려면, 스스로 즐거움과 삶의 목적을 발견해나가는 능력을 개발해야 한다고 말했어요.

복잡하고 어지러운 현대사회에서는 여러 강력한 집단이 서로 다른 목표를 우리에게 주입하려고 노력합니다. 학교, 교회, 은행 등의 집단은 우리를 열심히 일하고 절약하는 사람으로 만들기 위해서 노력하고, 상인이나 제조업자는 광고를 통해 우리의 소비를 부추기기 위해서 꼬드기지요. 열심히 공부해서 좋은 직장에 취직하고, 열심히 돈을 벌어서 은행에 저축하며, 꼬박꼬박 모은 돈으로 방학이나 휴가 때 해외여행을 가라고 유혹하는 세상. 그리고 우리는 그런 생활을 인스타그램이나 페이스북과 같은 SNS에 올려, 우리의 삶조차 온라인 세상을 채우는 콘텐츠로 만듭니다.

우리는 자신의 삶이 이렇게 행복하다는 것을 남들에게 알리기 위해, 멋진 식당이나 예쁜 카페에서 맛있는 음식을 먹을 때도 맛을 음미하며 먹기보다 먼저 사진부터 찍어 SNS에 올리지 않나요? 친구와 함께 밥을 먹을 때도 친구와 대화를 나누는 것보다 음식 사진을 찍는 게 먼저일 테고요.

여행을 가서도 그렇습니다. 혹시 여러분도 관광하러 가서 예쁜 것, 멋있는 것 그 자체를 즐기지 못하고 사진으로 찍어 SNS에 올려 대는 데에만 집착하지는 않나요? 아름다운 풍경을 가슴에 담는다면 영영 없어지지 않고 머릿속에 또렷이 떠오를 텐데 말이에요. 심지어 사진이 멋지게 찍힐 만한 곳에서 찍으려고 줄까지 서서 기다리다, 사진 한 장만 찍은 후 그대로 차에 오르는 사람들도 있어요.

누가 사람들을 그렇게 만들었을까요? 오로지 그들 자신의 의지일까요? 아닙니다. 소비를 촉진하는 자본주의의 의도에, 그 부추김에 우리는 스스로도 모르게 살아 있는 광고탑 역할을 충실히 해주는 것입니다. 우리는 그렇게 멋진 곳에 놀러 가서 찍은 사진을 SNS에 올리고, 친구들의 자랑을 보고 '좋아요'를 누르고, 가보지 못한 곳을 부러워하고, 따라 하기 위해 열심히 돈을 법니다. 그리고 똑같이 행동하지요.

앞 장에서 자크 라캉이라는 정신분석학자의 "인간은 타인의 욕망을 욕망한다."라는 말을 이야기했지요. 남들이 가니까 따라가는 것. 여행을 직접 즐기기보다, 남들에게 자랑할 사진부터 남기는 데 집중하는 것. 이는 스스로 즐기는 것이 아니라, 자본주의가 바라는 대로 충실히 따르는 꼭두각시와 다를 바 없다고 생각합니다. 그런 여행이 우리를 진정 행복하게 할까요? 이렇게 자본에 휘둘리며 사는 삶이 행복한 것일까요? 그렇지 않을 것입니다.

우리는 남들을 따라 소비하는 일에만 매달리기보다, 우리 스스로 추구하는 목표를 만드는 데 집중해야 합니다. 또한, 헛된 것을 성취하기 위해 노력하는 대신, 살면서 얻을 수 있는 참된 보상을 수확해야겠지요. 그러려면 우리 스스로가 자신의 의식을 통제하고, 외부 세계의 협박과 유혹에서 자유로워야 합니다. 그래야만 우리의 현실을 변화시킬 수 있겠지요.

자유로움, 그리고 스스로를 통제하는 힘. 바로 놀이의 가장 강력한 규칙입니다.

"짤"

원래 인터넷에서 도는 재미있는 사진이나 그림을 의미하던 '짤'은 이제 '인생짤(인생에서 한 번뿐일 정도로 매우 잘 찍힌 사진)', '남친짤(메신저 프로필에 등록한, 남자친구로 오해받을 만한 사진)', '움짤(움직이는 이미지)'처럼 사진 그 자체를 뜻하게도 되었습니다.

'짤'의 원형인 '짤방'은 2000년대 초, 사진 커뮤니티로 출발한 DC인사이드 사이트에서 사진 없는 글이 운영자에게 삭제되는 상황을 방지하려는 '짤림 방지' 목적으로 내용과 상관없는 이미지를 함께 업로드하던 데서 유래되었어요. 아무리 운영자라도 내 자유의사를 함부로 처리하는 것을 거부한 놀이꾼들의 저항행동이라 볼 수도 있겠네요.

그중에 많은 이들이 좋아할 만한 이미지는 너도 나도 공유하면서 금방 유행하게 됐고, 스마트폰이 등장하고 카카오톡 같은 모바일메신저가 활발해지면서 대화를 재밌게 할 요소로 쓰이며 더욱 퍼져나갔습니다. 앞서 말한 '밈(Meme)'과도 비슷한 놀이의 개념이었지요.

짤방의 유행은 호모 에코노미쿠스들을 움직여 다양한 메신저 이모티콘을 만들어 팔게 했습니다. 유행하는 짤방이나 인기 캐릭터를 활용해 여러 가지 상황에 알맞은 대사를 붙인 이모티콘이 젊은 세대에게 인기를 얻었거든요. 자유분방한 호모 루덴스들은 앞으로도 어떤 규제를 겪든 통쾌하게 비틀면서, 자신들이 표현하고 싶은 대로 즐길 것이라 생각해요.

잘 놀아야
잘 산다

"놀면 뭐 하니?"

자본주의 정신이 온 세상에 퍼진 지금. 일을 열심히 하거나 공부를 열심히 해야 인정받는 이 시대에 나 혼자 놀겠다고 했을 때 받을 비난이 눈에 그려집니다. 일하기 싫으니까, 공부하기 싫으니까 쓸데없는 소리를 한다고 잔소리 들을 게 뻔하겠지요. 제가 가르치던 학생 중, 평소 수업시간에 산만하게 돌아다니며 친구들의 학습을 방해하던 학생이 있었어요. 하지만 단편영화를 만드는 프로젝트 수업에서는 그 학생이 모둠의 연출자가 되어 분위기를 적극적으로 이끌더군요. 놀랍게도 그 후로는 평소에도 적극적인 수업 참여자가 되었답니다.

그 학생은 어떻게 영화 프로젝트 수업의 주인공이 되었을까요? 아마도 그 프로젝트 수업을 공부가 아닌 '영화 만드는 놀이'로 생각했기 때문 아니었을까요?

자! 그럼 놀이를 하면 어떤 것을 얻을 수 있는지 알아봅시다. 그래야 놀지 못하게 막는 사람들에게 "나 이래서 논다!"라고 당당하게 말할 수 있지 않겠어요?

일상을 깨우는
놀이의 매력

여러분은 앞에서 어린 시절의 제가 책에 푹 빠졌던 이야기를 했을 때, 어떤 생각이 들었나요? 혹시 '교사니까 우리들한테 책을 읽히려고 이런 말 하는 거 아니야? 독서가 얼마나 지루한데.'라든지, '신기해라. 그렇게까지 책을 좋아했으니까 교사가 됐을 거야.'라는 생각이 들었을 수도 있습니다. 저는 여러분이 그렇게 느끼는 것이 당연하다고 생각해요.

제가 책을 좋아했다고 해서 모든 과목의 우등생은 아니었답니다. 저는 학교 다닐 때 수학이 정말 싫었어요. 그 당시엔 단순히 공부하기가 싫어서 그런 줄 알았는데, 지금은 생각이 달라졌어요. 사람마다 특성이 다른데, 저라는 사람은 공식을 외우고 공식대로 해결하는 일들을 싫어하는 사람이라는 것을 지금까지 살아오며 깨닫게 되었지요. 그러니 수학이란 과목 자체가 저한테 맞지 않았던 겁니다.

반대로 제 친구 중에는 수학 문제 푸는 걸 좋아하는 친구도 있었어요. 어린 시절 제가 책을 읽으며 놀 때, 그 친구는 수학 문제를 풀면서 놀았어요. 어떤 어려운 수학 문제도 척척 풀던 그 모습이 수학을 싫어하는 제게는 참 신기해 보였지요. 그 친구는 지금 수학 교사가 됐답니다.

책을 많이 읽은 저는 말을 할 때나 글을 쓸 때 흔하지 않은 표현을 사용하거나 다른 사람보다 재미있는 내용을 만들 수 있었고, 사람들에게 그것이 저의 능력이라고 인정받았어요. 수학 문제를 푸는 능력이 뛰어났던 제 친구는 수학 선생님을 깜짝 놀라게 만들었고, 저처럼 수학을 어려워하던 친구들의 부러움을 한 몸에 받았지요.

우리들은 자신이 좋아서 한 일인데 남들에게 인정받기까지 하니 더 열심히, 흠뻑 빠졌답니다. 그래서 지금 저는 국어 교사를 하고 있고, 그 친구는 수학 교사를 하고 있는 것이지요. 사회적으로 교사보다 더 인정받는 직업을 갖고 싶지는 않았는지 묻고 싶나요? 하지만 우리는 선생님이 되는 것이 꿈이었답니다.

| 백설공주는 왜 계모에게 속았을까? |

방금 저와 제 친구가 각자의 분야에서 인정받는 데서 시작해, 어른이 되어 원하는 직업을 갖고 지금도 그것에 만족하며 살아가고 있다는 이야기를 했어요. 이렇게 다른 사람으로부터 인정받고, 스스로 원하는 분야에서 능력을 펼치고 싶은 심리는 인간이 가진 욕구 중 하나입니다.

앞서 사람들이 노는 이유에 대해 이야기할 때, 놀이가 갖는 목표는 자아실현의 욕구와도 서로 이어진다고 했던 것, 기억하세요? 그 때 말했던 매슬로우의 5단계 욕구 이론을 소개할게요.

미국의 심리학자 매슬로우가 인간 행동의 동기를 설명한 이 5단계는 우선하는 차례가 있어서, 아래층에 있는 욕구가 채워져야 그 다음 층의 욕구가 나타나지요. 그 이후 매슬로우는 인간의 욕구를 7단계로 수정했지만, 여기서는 5단계 이론을 가지고 이야기하려고 해요.

1단계인 생리적 욕구는 가장 강한 욕구이며, 생존을 위해 반드시 충족되어야 합니다. 식욕이나 수면욕 같은 기본적 욕구를 뜻해요.

매슬로우의 욕구 피라미드
매슬로우는 인간의 욕구를 5단계로 보았어요. 가장 기본적 욕구가 맨 아래에 위치하고, 욕구는 아래부터 채워져야 그 다음 단계로 향한다고 말했습니다. 가장 상위의 욕구, 다른 모든 욕구들이 만족된 후에 나타나는 것이 자아실현의 욕구입니다.

2단계는 안전의 욕구로 질서가 있는 상태, 익숙한 상태와 같이 안정적인 것을 찾는 욕구입니다. 만일 우리가 먹고 자고 일하고 노는 곳이 일정하지 않고 매일 바뀐다면, 얼마나 불안할까요?

3단계의 사회적 욕구는 어떤 집단에 소속되고 서로 관계를 맺고 싶어 하는 욕구를 말합니다. 애정과 소속의 욕구라고도 해요.

여러분도 백설공주 이야기는 잘 알고 있을 거예요. 백설공주는 행상인으로 변장한 계모에게 여러 차례 속아 레이스끈으로 목이 졸리거나, 독 묻은 빗으로 머리카락을 빗다 쓰러지거나, 독이 든 사과를 받아먹습니다. 이야기를 읽으면서 같은 실수를 반복하는 백설공주가 답답하지 않았나요?

백설공주가 계속 죽을 뻔하면서도 낯선 행상인에게 자꾸 문을 열어주는 이유를, 여기에서 찾을 수 있어요. 백설공주는 일곱 명의 난쟁이와 숲속에서 지내며 생존이나 안전은 보장되었으나 사회적 욕구가 충족되지 않았기 때문에, 번번이 속으면서도 문을 열어서 사람을 만나려고 한 것 아닐까요?

4단계는 다른 사람에게 존중을 받고 싶어 하는 욕구입니다. 이 욕구가 충족되지 않으면 열등감을 갖게 되며, 이를 충족하기 위해 사람들은 높은 지위나 명성을 추구합니다.

마지막 5단계는 자아실현의 욕구로, 자신의 잠재력을 모두 쏟아서 최고의 수준에 이르는 것을 추구하는 최후의 단계입니다. 이 욕구는 다른 단계의 욕구와 달리, 무엇이 부족해서 채우려는 것이 아니라 자신의 내적 성장을 이루기 위해 하는 행동이므로, 가장 성숙한 인간의 행동 동기라고 할 수 있어요.

어린 시절 제가 책을 열심히 읽던 것이나, 제 친구가 어려운 수학 문제를 계속 풀던 것도, 무언가 부족하다고 느껴서가 아니라 자기 안의 성장을 이루기 위해 한 행동이었답니다. 그래서 결국 원하는 직업을 갖는다는 목표를 달성하고 만족하고 있지요.

| 심리학자도 풀지 못한 몰입의 비밀 |

매슬로우의 욕구 피라미드를 보면 인간 행동의 우선순위나, 그다음으로 원할 목표를 추측할 수 있습니다. 당장 다음 끼니가 걱정되는 사람은 친구를 사귀거나 유명해지고 싶어 하기보다, 먹고살 방법부터 고민하겠지요.

하지만 앞에서 여러 번 이야기한 학자 칙센트미하이는, 화가들이 그림을 그릴 때 계속 그리려는 욕구가 너무 강해서 피로나 배고픔, 불편함 따위는 문제가 되지 않았던 상황을 관찰하게 되었습니다. 가장 기본적인 생리적 욕구가 채워졌기에 다음 단계를 추구하는 것이 아니라요.

그리고 완성한 그림에 화가들이 바로 흥미를 잃고, 그것을 거꾸로 돌려 벽에 기대어두는 모습도 발견했어요. 그들은 돈을 벌기 위해 그 그림을 사줄 사람을 바로 찾아다니기보다, 즉각 또 다른 작업에 착수했습니다. 그림을 완성해서 자아실현의 욕구를 채웠는데도, 그림 그리는 것을 그만두고 다른 욕구를 찾아 행동하지 않았던 거지요.

칙센트미하이는 화가들의 그런 행동을 처음에는 기이하고 이해할 수 없다고 생각했으나, 결국 이유를 깨닫게 되었습니다. 더 나아가, 사람들이 하는 행위 중에는 어떤 보상이나 내적 동기가 주어져서 하는 것도 있지만, 행위 그 자체가 좋아서 하는 것도 있다는 사실을 알게 되었습니다. 그리고 그런 행위들을 할 때 몰입하게 된다는 것을 밝혀냈지요.

미술뿐 아니라 다양한 음악 연주, 무용, 노래, 비주얼 아트, 드라마 등 다양한 예술을 비롯하여 야구나 암벽등반, 행글라이딩, 동굴탐험 등과 같은 스포츠도 그렇습니다. 브리지, 체스와 같은 게임들도 마찬가지입니다. 시간을 보내기 위한 여러 가지 놀이나, 소설을 읽거나 음악을 듣는 행위 역시 어떤 내적 동기나 보상 때문에 하는 것이 아니에요.

인간 행동의 이유 중에는 아직도 매슬로우와 같은 심리학자들이 밝혀내지 못한 영역이 있습니다. 그 영역 중 하나가 '재미'예요. 재미있기 때문에 사람들은 어떤 일에 몰입하는 것입니다. 자신이 한 행위로 얻을 보상이 아니라 그 일에서 느끼는 재미 때문에 몰입하는 거예요. 심지어 전혀 즐거움을 줄 수 없을 것처럼 보이는 활동, 예를 들면 전쟁터나 공장의 작업대 혹은 강제수용소 같은 힘들거나 위험하거나 지겨운 곳에서도 얼마든지 몰입을 경험할 수 있습니다[1].

....

1. 미하이 칙센트 미하이 지음, 이삼출 옮김, 『몰입의 기술』, 더불어책, 2003

| 악마가 된 '평범한 사람' |

여러분은 2차 세계대전을 일으킨 히틀러에 대해 아마 어느 정도 알고 있을 거예요. 하지만 아이히만이라는 이름은 낯설게 들릴 겁니다. 그는 히틀러가 유대인을 학살할 때 앞장서서 수행한 사람 중 하나예요. 히틀러가 이끈 독일이 2차 대전에서 패하고, 전생을 일으킨 주요 범죄자들이 재판받을 때 아이히만도 재판을 받았습니다.

그 재판을 지켜본 한나 아렌트라는 철학자가 『예루살렘의 아이히만』이라는 책을 썼습니다. 그 책의 부제에는 '악의 평범성'이라는 말이 나오는데, 이 개념이 그를 유명하게 만들었어요.

아이히만처럼 인간으로서는 도저히 할 수 없을 만큼 무시무시한 범죄를 저지르는 사람들은 상식적인 사람이 아닌 괴물 같은 사람일 것이라는 생각이 그때까지 일반적으로 퍼져 있었습니다. 하지만 한나 아렌트는 그것을 뒤집는 주장을 했어요. 아이히만과 같은 사람들은 결코 괴물이 아니라, 아주 평범한 사람이라는 것이지요.

또한 아이히만이 그런 범죄를 저지를 수 있었던 것은, 단지 자신이 무슨 짓을 하는지 깨닫지 못해서라고 했습니다. 이것은 아이히만의 지능이 부족했다는 의미가 아닙니다. 그는 결코 어리석지 않았지만, 자신이 하는 짓이 피해자에게 어떤 일로 다가갈지를 상대방 입장에서 생각할 줄 모르는 사람이었다는 것입니다.

그랬기 때문에 아이히만은 자신의 심문을 담당한 독일계 유대인 경찰 앞에서 "내가 그렇게 유능하게 임무를 수행해서 많은 유대인을 죽였는데도 거우 친위대 중령밖에 되지 못했다."라고 4개월 동안 불평했다고 해요. 동포의 죽음을 그렇게 다루는 말을 여러 번 들어야 했던 경찰의 마음을 헤아릴 수 있나요? 하지만 아이히만은 그런 생각을 하지 못했겠지요?

여기서, 앞서 놀이 정신을 잃고 야만성을 띤 전쟁에 대해 이야기할 때 나온 영화 《액트 오브 킬링》의 주인공 안와르 콩고를 떠올려 봅시다. 그 역시 대학살을 저지르면서, 죽임을 당하는 사람의 입장에서는 한 번도 생각해본 적이 없었지요.

한나 아렌트의 악의 **평범성**은 범죄가 평범하다는 뜻이 아니라, 특별히 나쁜 성격이 아닌 평범한 사람이라도 상대방의 입장에서 생각할 수 없게 된다면 앞으로도 언제든지 무서운 범죄를 저지를 수 있다는 의미랍니다.

텔레비전에서 범죄자들이나 학교 폭력을 저지른 청소년들의 주변 사람들이 "착한 사람이었는데."라거나 "개 착해요."라고 말하는 인터뷰, 여러분도 본 적 있을 겁니다. 하지만 그들 때문에 고통을 당한 입장에서는 그들이 악마 같았겠지요. 자기 주변에 대해서는 한없이 평범하거나 착하기마저 한 사람들도 공감 능력이 없을 때는 악의 화신처럼 행동한다는 것이, 아렌트가 말한 '악의 평범성'의 핵심입니다.

저는 아이히만의 행동이 바로 전쟁 수행에 몰입한 상태라고 생각해요. 잠시 『예루살렘의 아이히만』의 후기 속 문장을 봅시다[2].

자신의 개인적인 발전을 도모하는 데 각별히 근면한 것을 제외하
고는 그(아이히만)는 어떠한 동기도 품고 있지 않았다.

전쟁 중 자신의 임무에 몰입해서 열성적으로 일했던 아이히만이
'개인의 발전을 도모'한다고 서술한 이 부분은, 매슬로우의 동기 이
론 중 5단계의 자아성취 단계와도 닿아 있습니다.

한나 아렌트는 이 점을 크게 우려했던 것이겠지요. 나쁜 사람이
라서 나쁜 행동을 하는 것이 아니라, 평범한 사람이라도 자신이 무
슨 짓을 하고 있는지 깊이 생각하지 않고 주어진 일에만 몰입하다
보면 상상조차 못 할 악행도 저지를 수 있다는 사실을요.

| 희망을 키우는 인생은 아름다워 |

한편, 2차 대전을 배경으로 한 《인생은 아름다워[3]》라는 영화에서는
아이히만의 반대편 상황, 수용소에 갇힌 유대인의 이야기를 그리고
있어요. 주인공 귀도는 아들 조슈아와 함께 유대인 수용소에 끌려가
게 됩니다. 수용소에서 노동력을 쓸 수 있는 사람들은 강제노동을
하고, 일하지 못하는 노인과 아이들은 가스실로 보내집니다. 귀도는

....
2. 리처드 J. 번스타인 지음, 김선욱 옮김, 『우리는 왜 한나 아렌트를 읽는가』, 한길사, 2018,
   94-103쪽
3. 《인생은 아름다워(Life Is Beautiful)》, 로베르토 베니니 감독, 1998

아들을 살리기 위해 몰래 숨겨서 남자 수용소로 데려와요.

하지만 너무 어린 아들이 상황을 이해하지 못하고 칭얼거려서 독일군의 눈에 띈다면 끌려가서 처형당하겠지요? 그래서 귀도는 아들을 살리기 위해 앞으로 펼쳐질 모든 순간이 게임이라고 거짓말을 합니다. 간식을 달라고 떼쓰지 않기, 말썽 피우지 않기, 특히 독일군에게 절대 들키지 않기 등의 규칙을 지키며 게임을 해서 천 점을 따면, 진짜 탱크를 상품으로 받게 된다고 구슬리지요.

수용소에서 귀도가 아들 조슈아를 살리기 위해 얼마나 처절한 노력을 하는지가 영화 내내 그려지고 있어요. 저는 이 영화에서 귀도 역시 독일군과 게임을 하고 있는 것으로 보였습니다. 그랬기에 귀도도 그 상황에 몰입해서 아들을 살리기 위해 온 힘을 기울일 수 있었을 겁니다.

함께 수용소에 수감된 유대인들도, 이것이 진짜로 게임이라고 생각하며 푹 빠진 조슈아를 보며 모두 그 게임에 몰입해서 독일군에게서 조슈아를 숨기는 것을 도왔지요. 결국 수용소의 팍팍하고 힘겨운 삶을 지탱한 것은, 조슈아와 그를 숨기는 게임의 존재였습니다. 수감된 유대인들은 놀이를 통해 조슈아, 즉 언젠가 독일이 망하고 수용소를 나갈 수 있다는 '희망'을 함께 키워나간 셈이지요.

영화에서 독일의 패배로 전쟁이 끝나고, 비록 귀도는 죽었지만 그가 살린 조슈아는 게임에 이겨 천 점을 따고 연합군의 탱크를 타고 집으로 돌아가는 길에서 엄마를 만납니다.

| 재미있으면 벌칙도 놀이가 된다 |

인간 행동의 동기에 대해 심리학자들이 설명한 이론은 교육에서도 많이 활용됩니다. 여러분도 유치원이나 학교에서 선생님에게 작은 상으로 사탕이나 간식거리를 받은 적 있지요? 학교나 교회에서 어떤 활동을 했을 때 스티커를 받아 스티커 판에 붙이고, 그 판을 스티커로 다 채웠을 때 보상을 받은 적은요? 빨갛고 네모난 학교 직인 도장이 찍히고 종이에 인쇄된 상장을 받은 적도 있을 겁니다.

그런데 몰입이나 재미의 입장에서 볼 때, 이러한 보상들이 얼마나 효과가 있을까요? 만약 스티커를 모으는 데 몰입한 학생이라면, 판을 다 채웠을 때 보상의 차원을 넘어서는 만족감과 성취감이 있었을 겁니다. 그러나 보상만을 목적으로 삼은 학생은 보상이 마음에 들지 않으면 스티커를 모으려 하지 않을 테고, 이런 보상은 구하기 힘들기는커녕 마음만 먹으면 바로 살 수 있을 정도로 소소한 물건이기 마련입니다. 그래서 학급 전체가 아니라 그중에 일부 학생들만 이런 활동에 도전하게 됩니다.

여기서 중요한 것은, '재미'가 있어서 '몰입'한 학생들이 도전에 성공했을 때 느끼는 감정과, 그 결과로 작은 보상을 받았을 때 느끼는 감정은 서로 비교할 수 없을 정도로 다르다는 것입니다. 보상은 더 이상의 도전의식을 끌어내지 못하지만, 몰입은 자기만족과 재미를 가져오기 때문에 이번의 성공을 발판으로 더 높은 단계로 도전하고 싶은 마음을 돕습니다.

저는 벌칙을 놀이로 삼아 몰입해버린 학생들을 본 적 있습니다. 어느 날 국어수업 때 교과서를 가져오지 않은 학생이 스스로 벌을 자청했어요.

"선생님, 제가 교과서를 안 가져왔는데, 벌로 운동장 한 바퀴 뛰고 오겠습니다."

"그럼 출석 확인하는 동안에 돌고 올 수 있겠니?"

저는 그 학생이 수업을 지장 없이 들을 수 있도록 한 가지 조건을 덧붙였습니다. 그리고 그 짧은 시간에 운동장 한 바퀴 뛰기를 성공한 학생을 보고, 다른 학생들은 박수를 치며 함께 도전해보고 싶어 했어요.

"저는 저 친구보다 더 짧은 시간에 돌 수 있어요! 한번 해볼게요."

그다음 국어수업부터 한동안 출석을 확인하는 시간이면 학생들은 너 나 할 것 없이 운동장 돌기에 도전했고, 이미 성공한 학생들도 더 빨리 뛰어 저번 기록보다 단축하려고 했습니다.

스스로에게 내린 벌이 재미로 하는 놀이로 변하는 놀라운 순간이었습니다. 하지만 만일 체육수업에서 사탕 같은 보상을 걸고 운동장을 뛰게 했다면, 학생들도 그렇게 여러 번 하고 싶어 하지는 않았겠지요. 공부하거나 일할 때도, 놀이하듯이 재미를 느끼며 몰입한다면 교실과 일터는 행복하고 즐거운 장소가 되겠지요.

02 놀이 덕분에 교사로 남았습니다

이번에는 어른이 된 제가 교사로서 일하며 겪은 놀이 이야기를 하겠습니다.

제주도에서 태어나 자란 저는 1991년부터 연천이라는 경기도 북쪽 지역에서 교사로 근무하게 되었습니다. 연천은 3월에도 펑펑 내리는 눈이 대문을 열 수 없을 정도로 쌓이던 곳이었지요. 따뜻한 남쪽 섬에서 자란 제게는 더더욱 심한 추위였어요. 방 안에서 음식물이 얼까 봐 냉장고에 보관해야 했던 날도 있었습니다.

학교 근처에 대포 사격장이 있어 몇 분마다 포탄이 터지는 소리가 나곤 했어요. 수업시간에 그 소리에 놀라 종종 교과서를 떨어뜨리던 저를 보고, 학생들은 자주 웃었답니다.

토요일마다 연천역에서 벌어지는 군인들의 전역 축하 행사는 별세상이었어요. 미군이 함께 하는 공동훈련 기간에는, 얼굴을 검은 칠로 위장하고 지나가는 군인들이 올라탄 장갑차와 전차, 군용 트

럭이 보였습니다. 전쟁이 곧 터질 것만 같은 두려움 때문에, 출근길에 그들이 지나갈 때까지 골목에 숨어 있다가 지각하기도 했어요.

추위에 떨고 불안에 떨던 낮, 당장이라도 여기를 떠나고 싶어 울던 밤도 있었습니다. 게다가 아는 사람 없는 낯선 곳에서 혼자 사는 것은 어른이라도 힘든 일이에요.

그러나 다행스럽게도 저에겐 어린 친구들이 있었습니다. 우리 반 아이들과 함께 놀면 외롭지 않았지요.

| 뒷동산에 울려퍼진 아침 노래 |

당시에 저와 아이들이 가장 좋아했던 놀이는 아침에 일어나 뒷동산에 올라가 노래를 부르는 것이었습니다. 이 놀이를 생각해낸 것은 아이들이었어요. 교사였지만 가끔 학교에 지각을 하던 저는, 그럴 때마다 교감 선생님께 아침부터 호되게 야단을 맞았습니다. 그 사실을 어느 결에 알게 된 우리 반 아이들이 저를 깨우는 놀이를 생각해낸 겁니다.

아침마다 저의 집 앞까지 찾아온 아이들이 저를 부르면, 저는 자리에서 일어나 아이들과 동네 뒷동산인 동막산에 올라가 노래를 부르고 내려왔습니다. 노래는 아무것이나 생각나는 대로 불렀는데, 마지막엔 항상 우리 반 반가로 끝을 맺었어요. 마치 학교행사 때마다 반드시 애국가를 부르는 것처럼, 우리는 매일 아침 목청이 떠나

가도록 반가를 불렀습니다. 지금도 그 가사가 조금 기억이 나요.

　　아랫집 윗집 사이에 울타리는 있지만
　　기쁜 일 슬픈 일 모두 내 일처럼 여기고
　　서로서로 도와가며 형제처럼 지내자
　　우리는 4반이다. 2학년 4반이다.

이 노래는 원래 초등학교 음악 교과서에도 실린 〈서로서로 도와가며[4]〉라는 제목의 동요입니다. '한 집처럼 지내자'라는 원래 가사를 '형제처럼 지내자'로 바꿨듯이, '아랫집 윗집 사이에 울타리'라는 가사도 반가에 맞게 바꿨겠지만, 하도 오래된 일이라 그 부분은 기억나지 않네요. 아무튼 이 노래를 부를 때면 언제나 우리끼리 진짜 형제가 된 것처럼 느껴졌고, 어른인 저도 반 아이들의 형제로서 함께 있었어요.

| 딸기 맛 우유 챔피언 |

주말에는 아이들과 함께 목욕탕 놀이를 했습니다. 제가 서울에 볼일을 보러 가지 않고 집에 머무르는 일요일이면, 낮 12시까지 모두

　　　　　　　　　　
4. 어효선 작사, 정세문 작곡, 〈서로서로 도와가며〉

목욕탕 앞에 모였어요. 남녀 합반이었지만 그런 건 문제가 되지 않았습니다. 놀이는 어떤 상황에서도 놀고 싶은 마음만 있으면 만들어지고, 상황에 맞게 변형되기 마련이니까요. 누가 오든지 상관없었습니다.

목욕탕 놀이가 뭔지 궁금한가요? 목욕탕에 들어가서 놀기만 하면 그게 무슨 놀이든 목욕탕 놀이였습니다. 놀이는 우리가 만들면 되는 겁니다. 누가 어떤 의견을 내든, 그 의견에 따라 한번 놀아보고, 재미있으면 계속하고 재미없으면 다른 놀이를 만들었어요. 교사라는 입장이라고 해서 제가 뭘 제안하거나 가르치지는 않았습니다. 그런 것은 놀이에선 있을 수 없어요. 노는 것에 관한 한 우리 아이들이 훨씬 전문가였고, 저는 따라 하기만 하면 됐답니다.

목욕탕에서 다양한 놀이들을 했습니다. 등은 혼자 밀기 어렵기 때문에, 한 줄로 앉아서 앞 사람의 등을 밀던 것도 놀이의 하나였습니다. 뒤에 있는 친구의 장난기가 발동해서 너무 아프게 밀면, 아이들은 방향을 바꿔서 한 번 더 밀자고 했지요. 복수전의 시작입니다. 이러니 장난친다고 친구 등을 무턱대고 빨갛게 밀 수는 없었어요.

등 밀기 외에도 온탕이나 냉탕에서 오래 버티기, 탕에 얼굴 담그고 숨 오래 참기 등 목욕탕을 가는 횟수가 늘어나면 늘어날수록 새로운 놀이가 끊임없이 나왔습니다.

그래도 가장 재미있는 놀이는 사우나에서 오래 버티기였어요. 왜냐하면 이 놀이에는 딸기 맛 우유가 걸려 있었고, 교사 대 학생의 대결이었으니까요. 제가 이기면 목욕탕에 온 아이들이 저에게 딸기 맛 우유를 사주는 것이고, 제가 지면 제가 목욕탕에 온 아이들 전부에게 그 우유를 사주는 것이었어요.

아이들은 이 놀이를 제일 재미있어 했고, 저도 그 놀이가 좋았습니다. 왜냐하면 저는 우리 반 재영이를 이길 수 없었기 때문이에요.

앞 장에서 놀이란 결과를 알 수 없기에 재미있는 것이라고 이야기했던 것, 기억하세요? 우리 반 아이들도 저도 이 놀이의 끝을 알고 있었습니다. 그런데 끝을 알면서도, 그 놀이가 재미있고 좋았던 이유는 무엇이었을까요?

그 당시 연천에는 어려운 가정환경의 아이들이 많았습니다. 목욕탕 값을 낼 수 없는 아이들도 있었고, 자기 몫의 딸기 맛 우유를 살 수 없는 아이들도 있었어요.

그렇지만 우리 목욕탕 놀이의 규칙은, 12시까지 모이기만 하면 비용은 모인 사람들끼리 해결한다는 것이었어요. 돈이 있든 없든, 놀고 싶은 아이들이 모이면 다 함께 의논해서 입장료와 딸기 맛 우유 값을 해결했지요. 결과적으로 제가 목욕탕 입장료를 많이 냈지만, 단돈 100원이라도 보태주려는 아이들이 있어서 기특했어요. 아이들도 제게 고마워하기는 했지만 미안해하지는 않았습니다.

딸기 맛 우유도 어른인 제가 그냥 여러 번 사줬다면 고맙다 못해 미안해하는 아이들이 있었을 텐데, 놀이에서 진 사람인 제가 규칙에 따라 사는 것이었기에 아이들은 당당하게 먹었습니다. 재영이가 목욕탕 놀이의 챔피언으로 대접받았음은 물론이고요.

| 놀이 안에서는 선생님도 친구야 |

여기서, 놀이에서 주목해야 할 점은 관계성입니다. 일상 속의 권력과 권위가 즉각 사라지고, 이를 뒤집는 관계성이 새롭게 만들어지는 모습은 경이롭다 못해 아름답기까지 합니다.

연천에서 저와 우리 반 아이들의 관계가 그저 교사와 학생일 뿐이었다면, 저는 낯선 곳에 잘 적응하지 못해 교사를 그만두고 고향에 돌아갔을지도 모릅니다. 그때는 직업 구하기가 그렇게 어렵지 않던 시절이었기 때문에, 교사라는 직업을 금방 그만두는 사람들도 꽤 있었으니까요.

그런데 반 아이들이, 아침에 함께 운동하고, 방과 후 함께 놀고, 주말도 함께 보낼 수 있는 친한 친구들이 되어주었습니다. 만일 저와 아이들이 놀이를 하지 않았다면, 친구가 될 수 없었을 거예요. 저와 아이들은 '놀이'를 하면서 새로운 관계를 만들었고, 그 관계는 참으로 질서정연하게 작동했습니다.

놀이는 현실과 다른 세상에서 정해진 시간에 하는 것이므로, 놀이가 끝난 후에는 어느 누구도 수업 시간에 친구 관계를 요구하지 않았습니다. 저와 아이들은 교사와 학생이라는 현실로 돌아갔을 땐 그 관계에 충실했고, 놀이 세계에서 맺어진 관계의 돈독함이 현실에서도 긍정적으로 작용했어요.

수업에서 교사와 학생의 관계가 좋으면 학습 효과가 높아집니다. 평소에 어떤 과목을 좋아하지 않던 학생도, 자신이 좋아하거나 친한 교사가 그 과목 수업을 진행하고 있으면 수업에 보다 적극적으로 참여하게 됩니다. 수업 참여는 결과적으로 학습을 촉진하며, 학습의 결과는 학력의 향상으로 이어지지요.

저 같은 중·고등학교 교사들은 여러 학급을 맡아 가르치는데, 바로 옆 반끼리도 수업 분위기가 아주 다른 경우가 종종 있습니다. 똑같은 과목의 똑같은 내용을 가르쳐도 수업 내내 즐거운 학급이 있는 반면, 한 시간 한 시간이 곤혹스러운 학급도 있어요. 학생들 사이의 관계가 좋은 학급일수록 수업 분위기도 즐거워지기 마련입니다. 더불어 교사와 학생들의 관계가 좋다면 더 말할 나위가 없고요. 이런 차이는 학급별 성적의 차이라는 결과로 드러나기도 합니다.

| 다이아몬드도 맡기는 이웃사촌 |

이런 현상을 다른 말로 '사회자본'이라는 개념으로 설명하기도 합니다. 사회자본은 기계, 건물 같은 물적 자본과 달리 사회의 구성원이 맺고 있는 관계에서 생겨나요. 사회적 연결이 단단한 공동체는 그 연결 자체가 자본이 된답니다. 아무리 훌륭한 사람이라도 혼자서는 사회자본을 만들 수 없고, 아무리 많은 사람이 모여 있어도 서로 교류하지 않으면 사회자본이 만들어질 수 없어요.

사회자본이 실제로 존재하며 유용하다는 것을 증명하기 위해, 미국의 사회학자 콜먼이 제시한 사례가 있어요. 바로 미국의 다이아몬드 도매 시장입니다. 상상을 초월하는 돈을 소지하며 거래하는 그곳의 상인들은 거래 도중에 다이아몬드를 감정할 필요가 있으면 옆 가게에게 부탁합니다. 다이아몬드가 든 자루를 어떤 보험도 없이, 다이아몬드를 넘겼다는 서류를 작성하거나 보증금을 거는 절차조차 없이, 옆집에 바로 맡겨 감정을 의뢰해요.

상상이 가나요, 다이아몬드가 가득 담긴 자루를 그냥 옆집 사람에게 넘기는 상황이? 만일 옆집 사람이 그걸 들고 도망가버리면 수십, 수백억 원을 잃게 되는데도 절대로 그럴 리가 없다고 철저하게 믿지요.

그렇기 때문에 이 시장은 빠르고 원활하게 돌아갑니다. 감정하고 거래할 시간을 줄여주기 때문이에요. 그래서 많은 사람들이 이 시장을 이용하는 이유가 됩니다.

이 도매상들은 유대인들이 주로 소유하고 있고, 자기들끼리 결혼하고, 같은 지역에 살며, 같은 예배당에 다닙니다. 아주 폐쇄된 공동체예요.

이들 공동체는 그 구조 속에서 공동체에 대한 의무와 기대, 신뢰를 가지고 있답니다. 다이아몬드 자루를 공동체 구성원에게 아무런 의심 없이 맡길 정도로요[5].

5. 오욱환 지음, 『사회자본의 교육적 해석과 활용』, 교육과학사, 2013, 93-97쪽

| 그런 시설, 우리 동네에선 안 돼! |

좋은 학급, 좋은 동네, 좋은 학교. 이런 평가들이 구성원 사이의 결속력을 더 단단하게 하기도 해요. 여러분이나 여러분의 부모님도 이른바 '좋은 학교'나 '좋은 동네'에 가기 위해 애를 쓴 적이 있을지도 모르겠네요.

그러나 한 공동체의 결속력이 이기적인 방향으로 작동하면, 다양한 공동체들이 속한 더 큰 공동체의 결속과 평화를 해쳐버려 문제가 되는 경우도 있습니다.

서울 성북구의 한 아파트는 임대아파트와 분양아파트 단지 사이에 담벼락을 설치하고 출입구도 다르게 만들어서, 주민들끼리 서로 왕래하지 못하게 했습니다. 심지어 분양아파트에 사는 학부모 중에는 "임대아파트에 사는 아이를 우리 아이와 같은 모둠에 두지 마라."라고 교사에게 요청하는 사람도 있었다고 하네요.

아파트 출입구가 복잡해지면 집값이 떨어질까 봐 아파트 내부 도로의 마을버스 운행을 반대한 서울 마포구의 어느 아파트 단지 주민들 때문에, 주변에 사는 주민들이 큰 불편을 겪었다는 소식도 들립니다.[6]

이렇게 부동산 가격으로 주거지역이 나뉘며 계급의식이 생긴 사람들은, 자신들의 이익을 위해 주변에 압력을 가해 불편을 끼치기

....
6. 『서울신문』, 〈"엄마, 임대 살면 거지야?" 아이에게 집이 놀림거리가 됐습니다〉, 2020.01.27

도 합니다. 공동체 집단이 사회자본을 그릇되게 사용하면, 더 큰 공동체도 차별과 혐오로 갈라지기 마련이지요. 큰 공동체 안의 작은 공동체들 사이에 서로 관계가 없다고 생각해, 자신들이 속한 공동체의 이익만을 주장하느라 갈등이나 차별, 혐오가 만들어진 것입니다.

쓰레기 소각장이나 화장터, 매립장, 핵 처리 시설이 들어서는 동네의 주민들이 집단을 이루어 반대하겠다는 행동을 보인다는 뉴스, 본 적 있을 거예요. 이런 현상을 님비(NIMBY) 현상이라고 합니다. 'Not In My Back Yard(우리 집 뒷마당에서는 안 돼).'에서 한 글자씩 따온 말로, 공공의 목적으로 지어지는 혐오시설이나 위해시설의 설치를 반대하는 주민들의 행동[7]을 나타냅니다.

이와 반대되는 현상으로는 핌피 현상(Please In My Front Yard)도 있어요. 수익성이 있는 사업을 우리 지역에 유치하겠다는 행동입니다. 주민들이 이웃마을 대신 우리 마을에 고속도로나 자동차 공장 같은 시설을 설치해달라고 주장하는 집단행동을 하면서, 다른 지역 주민들과 대립하기도 합니다.

움직이는 모습은 서로 반대지만, 공동체 공동의 문제에 대해 함께 행동한다는 점은 님비 현상이든 핌피 현상이든 둘 다 동일합니다. 시간이 지나면서 님비 현상과 핌피 현상이 동시에 나타나는 경우도 더 많아졌어요.

....
7. 천재학습백과 참조, 고등학교 한국지리 교과서 '생활권의 형성과 변화' 단원에 공통수록

| 사회갈등을 부숴줄 무기 |

여기서 우리가 명심해야 할 점이 있습니다. 어떤 일이든, 모두에게 이익이 되거나 모두에게 손해가 되는 것은 세상에 존재하지 않습니다. 누군가에게 이익이 되는 일은 다른 한편으로 어떤 사람에게 손해가 가기 마련이지요.

전래동화 '우산장수와 부채장수' 이야기도 있잖아요. 장사꾼 형제를 둔 어머니는 비가 오면 작은아들의 부채가 안 팔릴까 걱정했고, 날씨가 쨍하면 큰아들의 우산이 안 팔릴까 걱정했다는 이야기요. 요즘 이야기로 바꾸어 생각해볼까요? 날씨가 더운 여름에는 음료나 레저 산업이 인기를 누리고, 장마가 길어지면 제습기나 건조기가 잘 팔리는 것과 같은 이치입니다.

님비 현상 같은 일들은 전통사회에서는 잘 일어나지 않았어요. 그런데 왜 현대사회로 올수록 이런 상황이 많아졌을까요?

옛날에는 대보름날이나 백중날, 단오, 추석 같은 명절 때 온 동네 사람들이 함께 어우러져 전통놀이를 집단으로 하며 놀았습니다. 옆 동네와 줄다리기로 겨루며, 다른 공동체 사람들과도 서로 어우러지고 관계를 만들었지요. 그런데 현대사회에서는 그런 전통적 인간관계가 깨어지면서, 자본을 중심으로 새롭게 관계가 만들어졌습니다. 공동체 정신이 사라진 자리에 자본주의 정신만 남게 되면서 생긴 변화인 셈이지요.

그래서 집단별로 이익이 충돌하는 일을 친숙한 집단끼리 서로 조정하고 이해하면서 진행하던 옛날과 달리, 지금은 자신의 권익에 따라 집단을 구성해 바로 행동에 나서는 경우가 많아졌어요. 이런 공동체의 대립을 해결하기 위해 사회적 비용도 많이 소비됩니다.

그렇다면 우리가 여기에 대항할 수 있는 무기는 무엇이 있을까요? 현대의 메마른 인간관계를 회복시켜 갈등을 줄일 수 있는, 강력한 수단이 있습니다. 그것은 바로 '놀이'입니다.

일상의 세계와 놀이의 세계는 엄연히 다르지만, 놀이의 세계에서 맺은 친구 관계는 일상에서도 좋은 관계로 작동하기 때문입니다. 놀이의 세계에서 '나'와 '너'는 적이 될 수도 있고, 같은 편이 될 수도 있지만, 이러한 분리는 영원히 그대로 정해진 것이 아니에요. 이번엔 상대편이라도 다음엔 같은 편이 될 수도 있고, '너'라는 존재가 없으면 놀이가 재미없어지기 때문에, '나'는 '너'를 필요로 하며 관계를 맺습니다. 그래서 함께 놀면서 맺은 관계는 일상에서 맺은 관계보다 끈끈하기 마련입니다.

제가 연천에서 근무할 때, 우리 반 학생들은 제 수업을 방해하거나 출석하지 않는 일이 드물었습니다. 놀이 친구가 맡은 수업을 방해하거나 땡땡이 치기는 쉽지 않았을 테지요. 수업이라는 일상이 끝나면 다시 놀이의 세계로 들어가게 될 텐데, 일상에서 사이가 좋지 않은 사람과 놀이를 함께 하기는 어렵잖아요? 그래서 우리 반 학생들은 놀이의 세계가 아닌 현실 세계의 수업에서도 웬만하면 놀이 친구를 당혹스럽게 하지 않으려고 노력했습니다.

수업에 참여하려는 노력은 좋은 학습결과를 촉진하게 되었어요.

당시 우리 반 학생들의 국어 성적은 아주 높았으며, 시간이 지나면서 다른 과목의 성적까지 점점 높아졌습니다. 놀이에서 만들어진 좋은 관계가 학교생활로 이어지고, 학급에서 수업을 들을 때 학생들 사이의 좋은 관계가 서로의 학습을 촉진하는 계기가 되었을 겁니다. 모두 '놀이' 덕분이지요.

뿐만 아니라, 첫 학교에 적응하기 힘들어했던 제가 그 후에도 교사를 그만두지 않았던 것이나, 학생들과 관계가 나쁘지 않았던 것, 교사로서 학생들에게 상처를 덜 주려고 노력하게 된 것 역시 제가 놀이를 통해 배운 덕분이라고 생각합니다.

03 삶을 배우는 일 vs
진리를 배우는 삶

"아이들은 학교에서 배워야 하고, 놀이란 쓸데없는 짓이다." 라고 어른들은 말합니다. 하지만 세계에서 유명한 놀이터 디자이너 인 귄터 벨치히는 놀이에 대해 '삶을 배우는 일'이라고 했습니다.

그는 아이들에게 학교에서 주입한 지식을 암기하는 시간 대신 놀 이터에서 놀 시간, 꿈꿀 시간을 조금만 준다면 훨씬 더 훌륭하게 미 래를 준비할 수 있을 것이라고 했어요. 그렇게 생각했기 때문에 그 는 놀이터를 디자인하는 일을 직업으로 삼은 것이고, 누구보다도 멋진 놀이터를 만든 것입니다[8].

삶을 위한 배움은 어떤 것일까요? 인생은 마치 수학 공식처럼 서 로 똑같은 모습으로 흘러갈까요? 그렇지 않아요. 삶은 모두에게 하 나하나 다른 모습으로 다가온답니다. 그래서 벨치히는 흔한 놀이터

....
8. 귄터 벨치히 지음, 엄양선·베버 남순 옮김, 『놀이터 생각』, 소나무, 2015

자연 속에서 노는 아이들

아이들은 놀이터에서 놀 때, 단순히 시간을 낭비하고 있는 것이 아니에요. 손의 감각을 익히고, 자연을 배우고, 친구와 관계를 만드는 위대한 학습활동을 하는 중이랍니다.

와 달리, 놀이기구가 없거나 자연을 그대로 이용하는 놀이터를 디자인했답니다. 놀이할 기본은 있되, 거기에 무한한 상상력과 작용을 덧붙여 스스로 놀이를 만들 수 있게 말입니다.

| 정답을 배우던 고대 |

'배움'이라는 단어의 의미는 시대에 따라 변해왔어요. 방금 인용한 귄터 벨치히의 "삶을 배운다"라는 말은, 현재 낳은 학교에서 '추구'하고 있거나 미래사회에 추구하게 될 '배움'과 일치합니다.

그럼 과거에 '배움'의 의미는 어땠을까요? 잠시 고대 그리스 시대로 돌아가 보겠습니다. 배움에 대한 전통적인 해석을 가장 잘 나타낸 것이, 그리스 철학자 플라톤의 이데아론입니다.

플라톤은 이데아라는 실체가 존재하고, 사람들은 이데아를 복제한 사물의 그림자를 실체로 알고 있다고 했습니다. 조금 어려운 이야기지요? 그래서 이를 쉽게 설명하기 위해 동굴의 비유를 들었어요. 발에 쇠사슬이 묶인 죄인들은 동굴에 갇혀 벽만 바라보고 있습니다. 동굴 벽에는 이데아의 복제품들, 즉 동굴 속 모닥불 빛에 비친 그림자만 보여요. 죄인들은 자신이 볼 수 있는 그림자가 곧 사물의 실체라고 생각하다가, 쇠사슬을 끊고 동굴 밖으로 나왔을 때 비로소 현실을 보게 됩니다.

플라톤은 자신들이 그동안 실체라고 알고 있었던 것이 그림자에 불과하다는 것, 사물의 원형인 이데아를 깨닫는 것을 '배움'이라고 설명하고 있어요.

여기서 교사는 학생들이 이데아를 깨달을 수 있도록 동굴의 세계에서 현실의 세계로 데려오고, 현실을 넘어서서 이데아의 실체까지 가르쳐주는 사람이에요. 교사는 자신이 이미 깨달은 이데아를 학생들도 깨달을 수 있도록 가르치고, 학생들은 교사가 하라는 대로 따라 해야 이데아를 깨달을 수 있습니다.

그동안 우리나라 교실에서는 이런 형태로 배움이 진행되었습니다. 교사가 교과서라는 이데아를 학생들이 깨달을 수 있도록 설명하고 시범을 보여주는 것이 바로 수업이자 배움이었어요. 그래서 교사가 이끄는 대로 따라가며 시키는 대로 잘하는 사람이 모범생이고 우등생이었습니다.

배움은 '이데아를 찾아가는 과정'이며, 이를 얼마나 잘 찾느냐에 따라 일등부터 꼴등까지 한 줄로 세울 수 있었습니다. 이데아라는 정답이 있기 때문에 답은 하나만 존재하니까요. 그리고 그 정답을 알고 있는 사람은 바로 교사였습니다. 그래서 '선생님 말씀'을 잘 듣고 '선생님이 말씀하시는 대로' 해야 합니다[9]. 그래야만 이데아를 빨리 찾을 수 있거든요. 자율적으로 해답을 스스로 생각하며 이렇게 저렇게 궁리하면서 헤매는 것은 시간 낭비일 뿐이고, 정답까지 직선으로 빠르게 가는 학생을 최고로 여겼습니다.

그래서 플라톤에게 예술가, 특히 화가는 이상적인 국가에서 쫓아내야 할 사람들이었어요. 이데아의 현실을 일부러 화폭에 옮기는 것은 이데아를 복제하는 행위에 불과하다고 생각했으니까요.

| 과학으로 진리를 찾던 근대 |

지식과 배움에 대한, 이 고전적인 생각은 근대사회로 들어서면서 조금 바뀌긴 했지만 근본적으로 변하진 않았습니다. 철학자 데카르트로 대표되는 근대적 세계관에서는, 세계란 인간의 '이성'을 통해

....
9. 김재춘·배지현 지음, 『들뢰즈와 교육』, 학이시습, 2016, 23쪽

완전하게 이해 가능하며 인간의 필요에 따라 조작 가능한 '대상'이라고 생각했습니다. 그래서 자연현상은 과학으로 모두 설명이 가능하다고 여겼고, 자연은 인간이 개발할 수 있는 대상에 불과했어요. 이른바 '과학의 세기'였지요.

인간은 세상에서 일어나는 '사실'을 가지고 그것이 참인지 거짓인지를 '이성'으로 판단했습니다. 그래서 현실에서 일어나는 것들을 과학적으로 실험하고, 정확하게 데이터와 숫자로 나타낼 수 있었고, 실험 결과는 객관적 진리가 되었습니다. 과학이 몹시 중요한 학문이 되었고, 과학적 실험으로 진리를 증명하려고 했습니다.

하지만 여전히 '진리'는 인간과 분리된 외부 세계에 명백히 존재하고 있고, '인간이 세상을 탐구해서 진리를 찾아내는 것'이 배움이었어요. 그래서 객관적 근거를 제시할 수 있도록 숫자로 나타낸 데이터, 과학적 실험 등이 중요한 수단이 되었으며, 그런 것을 탐구학습이라고 불렀습니다.

| 과학이 해결할 수 없는 미래 |

그런데 발전한 과학기술 문명이 세상의 모든 문제를 해결해줄 것이라는 근대의 생각은 시간이 지날수록, 문명이 발달할수록 깨지게 되었습니다. 이른바 '과학으로 해결할 수 없는 일들'이 생겨나기 시작했거든요. 환경오염과 오존층 파괴, 지나친 부의 양극화, 생명 윤

© pixabay

난지도의 현재 풍경

지금은 사시사철 아름다운 꽃이 피고 지는 곳이지만, 80년대의 난지도는 서울에서 가장 가난한 사람들이 모여 쓰레기로 집을 짓고 의식주를 해결하던 서울의 하수 처리장 같은 곳이었습니다.

리에 반하는 여러 가지 문제들은 아무리 지식이 늘어도, 아무리 과학이 발달해도 해결할 수 없습니다.

2017년 아프리카 에티오피아의 수도 아디스아바바의 외곽에 있는 쓰레기매립지에서 쓰레기 산이 무너져 빈민촌을 덮친 사고로 46명이 사망했습니다[10]. 이 사건을 소개한 기사에서는 그곳에 살며 쓰레기에서 재활용소재를 주워 팔던 빈민들을 가리켜 '쓰레기로 잇던 삶'이라고 했어요. 쓰레기더미는 쓰레기에서 쓸 만한 것을 골라내 되판 돈으로 목숨을 부지할 수밖에 없는, 가난한 자들의 최후의

....
10. 『경향신문』, 〈쓰레기로 잇던 삶, 그마저도 앗아간 쓰레기더미〉, 2017.03.13

터전이었지요.

에티오피아뿐 아니라 우리나라도 1980년대까지만 해도 '난지도'라는 쓰레기섬이 있었어요. 난지도를 배경으로 쓴 황석영 작가의 소설 『낯익은 세상』은 그곳에서 쓰레기를 주워 되팔아 생계를 잇던 사람들이 주인공입니다.

서울의 쓰레기를 난지도에 채우던 1980년대, 이보다 더 가난할 수 없을 만큼 밑바닥 인생을 살던 사람들이 쓰레기더미에서 돈이 될 물건을 모아 팔려고 난지도에 모여 살았습니다. 여러분도 혹시 망태 할아버지를 알고 있나요? 그 시절 어른들은 "망태 할아버지가 말썽 부리는 아이들을 망태에 넣어서 잡아간다!"라고 어린이들에게 겁을 줬어요. 이 망태 할아버지가 망태에 담을 물건을 찾던 곳, 집을 짓고 살던 곳이 난지도였습니다.

UN 산하의 국제 금융기관인 세계은행(The World Bank)의 2012년 보고서를 보면, 부유한 나라들이 배출하는 쓰레기의 양은 세계 전체 쓰레기의 46%지만, 가난한 나라들의 쓰레기 양은 6%에 불과합니다. 부유한 나라 사람은 각자 매일 2.13kg의 쓰레기를 만들어내고, 가난한 나라 사람은 0.6kg만 내놓아요.

한 나라 안에서만 이동하던 쓰레기는, 문명과 기술이 더 발전하면서 1980년대부터 부자나라에서 가난한 나라로 쏟아져나가기 시작했어요. 1980년대 이후로 쓰레기가 자유무역의 대상이 되면서, 잘사는 나라들은 저개발국에 쓰레기를 떠넘기는 상황이 되었고 '쓰레기 제국주의'라는 용어까지 생겼습니다. 과거의 제국주의는 식민지에서 원료를 빼앗다시피 가져와서 상품을 만들어 비싼 가격에 팔았어요. 쓰레기 제국주의는 잘사는 나라 사람들이 생산한 쓰레기를 못사는 나라에 버리면서 그 나라의 환경을 오염시키고 그 나라 사람들을 병들게 합니다.

유엔환경계획(UNEP)의 2015년 보고서[11]를 보면 특히 21세기 들어서 전자제품 폐기물인 e-폐기물(e-waste) 문제가 심각해 보입니다. 여러분이 쓰는 휴대폰은 지금 몇 개째인가요? 요즘 사람들은 보통 약정할인이나 고장 등의 이유로 짧으면 1년, 길어도 3년만 지나면 새 휴대폰으로 바꾸지요. 그렇게 계속 늘어나는 전 세계 e-폐기물의 90%가 넘는 4100만 톤의 쓰레기가 부자나라에서 가난한 나라, 저개발국으로 배출됩니다.

미국·유럽연합(EU)·일본·한국 같은 나라는 쓰레기를 수출하고, 가나·나이지리아·파키스탄·인도·방글라데시 같은 나라들은 쓰레기를 수입합니다. 가나의 수도 아크라 외곽의 아그보그블로시는 원래 바닷가 습지인데, 지금은 'e-폐기물의 무덤'으로 더 유명합니다.

미래에 컴퓨터와 로봇 산업은 지금보다 더더욱 발전하겠지요. 그리고 우리는 휴대폰을 바꾸듯이 로봇도 몇 년마다 버리고 새로 사게 될지도 모릅니다. 발전하면 발전할수록 감당하기 어려워질 e-폐기물 문제를 어떻게 해결할 수 있을까요?

....
11. 유엔환경계획(UNEP), 「폐기물 범죄, 폐기물 위협, 폐기물 분야에서의 격차와 도전」 보고서, 2015

과학과 기술, 문명이 발전해도 감당할 수 없는 문제들. 아니, 오히려 발전했기 때문에 더 심각해지거나 새로 생겨나는 문제들.

　과학과 기술의 세기로 불리던 근대시대의 철학과 생각은 이미 흔들리기 시작했습니다. 그렇다면 지금, 현대에서는 도대체 어떤 것이 지식이며 배움일까요?

04 놀이를 즐기는 자, AI도 이긴다

　여러분은 미술 교과서에 실린 남성용 소변기 사진을 본 적이 있을 거예요. 화가 마르셀 뒤샹은 이미 만들어진 남성용 소변기에 사인을 하고 '샘'이란 제목을 붙여 예술작품으로 만들었습니다. 여러분 중에는 "에이, 이게 무슨 예술이야?"라고 투덜거린 사람도 있으려나요. 그렇다면 피에로 만초니의 '예술가의 똥'이라는 작품은 본 적 있나요? 이 작품은 통조림 캔에 만초니의 대변을 넣어 밀봉해 만들었습니다. 소변기가 예술이 되고, 똥이 작품이 된 것입니다. 실제로 이 작품들이 나왔을 당시에는 이게 무슨 예술 작품이냐는 반발도 있었지만, 지금은 엄연히 현대 미술에 한 획을 긋는 작품들로 인정받고 있답니다.

　4차 산업혁명 시대를 맞이한 요즘, 인공지능(AI)이 인간을 대신할 수 있는 일들이 많아지고 있어요. 프로 바둑기사 이세돌 9단을 이긴 AI '알파고'를 개발한 구글은, 자신들이 만든 AI 화가 '딥드림

(Deep Dream)'의 그림을 공개했습니다. 딥드림은 밤하늘이 돋보이는 풍경을 그린 고흐의 '별이 빛나는 밤'을 재해석해, 구도는 거의 비슷하되 강조할 부분을 독특한 형광색으로 채색하고 묘사를 더해 그렸습니다[12]. 하지만 과연 AI가 '샘'이나 '예술가의 똥' 같은 작품도 생각해낼 수 있을까요?

| 자연이 낳은 돌연변이에 대처하려면 |

앞 장에서, 근대시대에는 "인간의 이성만이 세상에 존재하는 진리를 발견할 수 있다."라는 주장이 널리 받아들여졌다고 말했습니다. 그런데 20세기에 들어와, 이를 뒤집는 생각을 한 사람이 있어요. 프랑스 철학자 질 들뢰즈는 세상에는 똑같은 것이 존재하지 않으며, 그러므로 자연에서 어떤 일이 반복된다고 해서 똑같은 것을 '복사'하여 '붙여넣기' 하는 것은 아니라고 했습니다.

사과로 예를 들면, 이 세상의 사과 중 서로 똑같은 사과는 존재하지 않으며, 모든 사과마다 차이가 있다고 설명했어요. 공장에서 똑같은 틀의 사과 모형을 여럿 찍어내는 것 같은 상황은, 자연에서 그대로 재현될 수 없다고요. 이런 차이가 반복되며 새로운 것이 생겨난다는 게 바로 들뢰즈 철학에서 말하는 차이-생성 이론이지요.

··············
12. 『시사위크』, 〈AI, '예술'의 영역을 정복할 수 있을까〉, 2020.09.07

우리는 이 이론을 가지고 근대 과학에서 논리적으로 설명하지 못하는 돌연변이와 같은 것을 설명할 수 있습니다. 중·고등학교 교과서에서는 유전에 대해 공부할 때, 완두콩을 가지고 멘델의 법칙을 설명합니다. 간단히 말하자면, 둥근 완두콩과 주름진 완두콩을 교배하면 더 힘이 센 성질인 둥근 완두콩만 나온다는 것이지요. 이처럼 부모가 지닌 형질¹³이 자손에게 전달되는 기본 원리는, 부모의 유전자가 자손에게 전해지기 때문입니다. 그런데 현실에서는 부모는 물론 선조에게도 없었던 형질이 자손에게 나타나는 돌연변이가 있습니다. 이것은 근대 과학으로는 설명할 수 없는 현상이지요.

들뢰즈는 이것을 '차이-생성 이론'으로 설명했습니다. 세상의 어떤 존재도 그대로만 존재하는 것이 아니라, 시간이 지나면서 지속적으로 '차이'가 생기길 반복한다는 것입니다. 그런 차이가 반복되면서 '새로운 것'이 만들어진다고요. 그렇게 보면 돌연변이도 차이가 반복되면서 생긴 창조물이라고 설명할 수 있어요.

2020년, 세계보건기구(WHO)로부터 팬데믹¹⁴이 선언된 전염병 '코로나19'로 전 세계 사람들의 일상은 완전히 달라졌습니다. 코로나를 겪은 여러분은 2003년에 주로 아시아에 퍼진 감염병 사스(SARS)나 2009년에 전 세계에 번져 21세기 첫 팬데믹이 선언된 신종플루에 대해 들어본 적 있나요? 1918년 스페인 독감, 1957년 아시아 독

....
13. 형질(形質): 동식물의 모양, 크기, 성질 따위의 고유한 특징
14. 팬데믹(Pandemic): 세계적으로 전염병이 대유행하는 상태. WHO의 전염병 경보단계 중 최고 위험 등급

감, 1968년 홍콩 독감, 1977년 러시아 독감이 유행할 때도 전 세계의 수많은 사람들이 목숨을 잃었어요.

이렇듯 원인 모를 바이러스가 퍼져 수많은 사람들의 생명을 앗아갈 때, 근대의 주장처럼 과학실험과 인간의 냉철한 이성만으로 늘 완벽히 대처할 수 있을까요? 아마도 어려울 겁니다. 다양한 환경요인을 제외하고 실험실에서 실험한 결과로는, 현실에 존재하는 모든 것이 실험 결과에 영향을 미칠 수 있는 상태에서 벌어지는 현상을 설명할 수 없어요. 특히 세상이 더 빠르게 변화·발전하면서 전 세계적으로 사람과 물건의 이동이 많아지고 소비가 늘어나 생태계 파괴와 환경오염이 심해지면, 환경요인은 점점 더 추가되겠지요? 이런 상태에서 생기는 유행성 질병의 원인을 어떻게 모두 파악하고 대처할 수 있을까요?

아마도 우리는 들뢰즈의 '차이-생성 이론'으로 이런 상황을 예견하고 미리 조심하는 방향으로 나아가야 할 거예요. 인간을 위협하는 바이러스들은 언제 어디서든 돌연변이처럼 '차이'를 '생성'하여 전혀 새로운 모습으로 나타날 수 있으니, 우리는 그것을 예방하는 방향으로 살아가야 한다고요. 감염병을 소재로 한 영화 《컨테이전[15]》은 우리에게 약간의 암시를 줍니다. 밀림을 크레인으로 밀어내면서 도망친 박쥐가 돼지를 오염시키고, 그 바이러스가 인간에게 옮는 변종이 되면서 전 세계 사람들을 떨게 하는 무서운 전염병이

....
15. 《컨테이전(Contagion)》, 스티븐 소더버그 감독, 2011

되었다는 영화의 결말로요. 비록 가상의 이야기지만 우리 현실과 전혀 동떨어진 것은 아니지요.

| 같은 꽃만 200번 그려도 예술 |

여러분은 미술시간에 교과서로 자연의 사진을 보여주며 자연 속 아름다움을 찾는 활동을 한 것을 기억하나요? 그때 어떤 생각이 들었나요? 내가 기억하는 모습과 똑같다고 느꼈나요?

자연이 늘 똑같은 모습을 가지고 있지는 않지요. 한 나무에 달린 나뭇잎의 모양도 서로 똑같은 것은 단 하나도 없어요. 우리가 늘 지나다니며 보는 공원의 나무도 아침과 저녁, 비 오는 날과 맑은 날, 여름과 겨울마다 조금씩 다른 모습을 보입니다.

서양의 근대시대에 나타난 고전주의 미술은 세계를 객관적 대상으로 여기던 근대시대 사고방식의 영향으로, 자연을 있는 그대로 그리는 것에 집중했습니다. 하지만 자연은 시시각각 변하는데, 어떻게 그대로 그릴 수 있을까요?

그래서 그 후에 나타난 인상주의(인상파) 화가들은 빛이나 주위 환경에 따라 눈에 달리 보이는 인상을 그리려고 했어요. 미술 교과서에도 등장하는 프랑스 화가 클로드 모네는 자신의 집에 연못을 파고 수련을 심은 뒤, 연못에 핀 수련을 200번 이상 그렸습니다.

만일 연못에 핀 수련이 항상 모두 똑같았다면, 모네의 수련 그림들은 그저 복사물에 지나지 않았을 겁니다. 그러나 모네는 모든 수련이 다르게 보인다는 점에 포착했기 때문에 그것을 계속 그렸고, 200점이 넘는 수련 그림들이 예술작품으로 탄생하게 되었습니다[16].

모네가 그린 수련 그림들
만약 AI에게 매일 연못에 있는 수련을 그리라고 명령했다면, 기후조건이 아주 다를 때 외에는 늘 똑같은 그림을 복제했을 겁니다. 사람이 그릴 수 없을 정도로 정밀하긴 했을 테지만요. 하지만 모네의 수련 그림 200점 중에는 똑같은 그림이 단 한 장도 없어요.

....
16. 김재춘·배지현 지음, 『들뢰즈와 교육』, 학이시습, 2016, 30-32쪽

만약 AI에게 연못의 수련을 200번 그리게 했다면 어떻게 되었을까요? 모네가 그랬듯이 200점 모두 인정받을 수 있었을까요? 아마 그렇지 않았을 겁니다. AI는 계절에 따라 수련이 피거나 지는 차이, 날씨의 변화에 따른 차이를 그대로 표현할 수는 있어도 모네처럼 200점 이상의 작품 모두가 개성을 돋보이게 하지는 못했겠지요.

차이를 포착하는 사람은 새로운 것을 창조할 수 있지만, 차이를 포착하지 못하는 사람은 그저 지루한 일상을 반복합니다. 그러므로 배움의 의미를 '원래 존재하던 진리를 발견하는 것'이라는 고전적 관점에 두기보다, '차이를 깨닫고 반복적 행동을 거듭하며 새로운 것을 창조하는 것'이라는 새로운 관점으로 옮기는 것은 어떨까요? 그러한 자세가 풍요로운 삶을 꾸려나가는 데, 4차 산업혁명의 시대에 미래를 만들어가는 데 더욱 가치 있지 않을까요?

그리고 여기에서 놀이의 가치를 다시 짚어봅시다. 모네가 연못에 핀 수련을 그린 행위는 돈벌이를 위해 작품을 생산하는 작업인 '일'이었을까요, 아니면 '놀이'였을까요?

만일 모네가 같은 대상만 200번 넘게 그리는 대신 다른 주제를 찾아 그렸다면 더욱 다양한 작품을 생산했을 테고, 돈을 벌 가능성도 더 높아졌겠지요. 그러나 모네는 200번이나 수련이라는 주제로 그림 그리기를 고집했습니다. 이것은 모네가 수련 그리기를 놀이로서 대했기 때문에 가능하지 않았을까요? 그렇지 않고서는 200번 이상 같은 대상만 반복해서 그리는 행위를 설명하기 어려워요.

하지만 모네가 그것을 놀이로 즐겼다면 설명할 수 있어요. 똑같은 놀이라도 매번 다른 상황이 벌어지므로 지겹지 않아 수백 번, 수천 번 반복할 수 있으니까 말이지요. 모네는 매일 수련을 그리는 놀이를 할 때, 그릴 때마다 다른 모습을 보여주는 수련의 여러 가지 면을 포착하면서 몰입하지 않았을까요?

미래에는 AI가 더욱 대중화되어 아주 많은 곳에 사용될 것이라고 합니다. 그렇지만 예술과 같은 고도의 창의력을 필요로 하는 분야나 인간을 기계로 대체했을 때 재미없어지는 분야, 예를 들면 배우나 운동선수 등의 직업에서는 여전히 사람들이 활약할 것이라는 전망이에요. 그런데 배우나 운동선수와 같은 직업은 놀이가 직업이 되는 영역 아닌가요? 그렇다면 놀이 역시 AI가 대신할 수 없겠지요? 바로 이 점 때문에, 미래에 과학 문명이 발달할수록 놀이가 더욱 가치 있게 우리 삶에 쓰이리라고 예측할 수 있습니다.

"챌린지"

'챌린지(Challenge)'는 '의미가 담긴 행동을 릴레이 형식으로 SNS에 퍼뜨리는 유행'입니다. 2014년 미국의 릴레이 기부운동 '아이스버킷 챌린지'가 시작이었어요. 참가자는 얼음물을 뒤집어쓰는 동영상을 SNS에 올리고, 다음 도전자 3명을 지목합니다. 지목당한 사람은 24시간 안에 자신도 영상을 올리거나 미국 루게릭병협회에 100달러를 기부해야 하지요.

얼음물을 뒤집어쓰는 동영상을 보는 재미와, 특히 그것이 유명인일 때의 홍보효과가 커서 1년 만에 기부금이 10배 이상 늘었답니다. SNS를 통해 전 세계로 널리 퍼진 후, 국내에서도 유명 연예인이나 아이돌들이 참여하자 그 팬들도 자발적으로 따라 하는 효과를 보였습니다.

진지한 설교나 눈물샘을 자극하는 호소가 아니라, 재미있게 표현하고 즐기는 방식으로 다른 사람을 도우려는 호모 루덴스들의 깜짝 발상이 성공했지요. 모금을 받는 쪽에서도 동정받는다는 생각에서 어느 정도 벗어날 수 있었을 것 같네요. 주는 쪽과 받는 쪽 모두의 부담을 덜어주는, 호모 루덴스들의 창의성이 돋보입니다.

최근에는 코로나19 바이러스에 맞서 싸우는 의료진을 격려하고 감사하는 '덕분에 챌린지'가 국내에서 유행하고 있어요. SNS에 존경과 자부심이나 고마움을 뜻하는 수어(手語, 수화 언어) 동작을 취한 사진이나 영상과 함께 해시태그를 붙이고, 다음 참여자 3명을 지목하는 방식이랍니다.

미래는
놀이하는 사람의 것

"어서 와, 놀이하는 시대는 처음이지?"

우리에게 다가올 미래는 어떤 모습일까요? 미래학자들은 앞으로 펼쳐질 세상에 대해 기계가 많은 것을 대체하여 아주 편리해진 미래와, AI로봇이 인간의 위치를 대체하여 대부분의 인간이 암울하게 사는 미래로 크게 두 방향으로 갈려서 예측해요. 마치 SF(공상과학) 영화를 보는 것 같지요? 그러나 어떤 예측이든, 우리가 현재를 어떻게 살면서 미래를 대비하느냐에 따라 미래가 달라진디는 점은 대부분 일치해요. 그렇다면 당연히, 놀이 정신이 온 세상을 채우는 미래를 바라야 하지 않을까요? 뇨즘 신기한 일들을 봅니다. 호모 루덴스틀이 그냥 '재비'로 즐기는 것틀이 문화로 자리 잡으며 돈벌이가 되고, 호모 에코노미쿠스들을 달려들게 하는 현상을요. 처음에는 놀이로 만들던 유튜브 영상들은 이젠 정보의 출처가 되기도 하고, 인기가 많아지면 호모 에코노미쿠스들이 광고 영상을 붙여 경제적 이익도 추구하지요. 호모 루덴스들의 놀이 창조력은 기계가 절대로 대체할 수 없을 가치 아닐까요?

01 21세기 문제,
놀이꾼이 해결하겠습니다

여러분은 미래의 삶을 어떻게 상상하고 있나요? 미래에 대한 여러 연구에서 공통적으로 예측하는 것들이 있어요. 출생률 저하에 따른 학생 수의 급격한 감소, 노인층의 증가, 산업과 기술의 혁신적 발전, 세계화가 더 진전되어 한 나라 속에 여러 민족이나 국가의 문화가 섞이는 다문화 사회가 이루어지리라는 것입니다.

자, 이런 사회에서 사람들이 가질 만한 직업을 상상해봅시다. 지금 우리가 알고 있는 일자리 중 아주 많은 것을 로봇이 대체하겠지요. 그러면 로봇을 다루는 프로그래머는 더 필요해질 테고요. 비싼 로봇을 사용하는 것이 손해일 만한 부분에, 값싼 인간의 노동력을 이용하려고 하겠지요? 그런 한편으로, 로봇이 할 수 없는 창조적인 일을 하는 사람은 여전히 필요할 겁니다.

미국의 로봇 공학자 한스 모라벡은 "인간에게 쉬운 일은 로봇에게 어렵고, 로봇에게 쉬운 일은 인간에게 어렵다."라고 했습니다.

로봇이 얼마나 많은 곳에서 사용될지 상상조차 못할 미래, 무엇을 직업으로 삼아야 로봇이 대체할 수 없는 인간으로서 먹고살 수 있을지를 고민할 때 참고할 만한 말입니다.

다문화 사회도 더욱 가속화될 거예요. 지금 우리나라에 유입된 외국인 노동자들도 대부분 일자리를 찾아서 왔습니다. 이런 현상은 앞으로 더하면 더했지, 덜하지 않을 것이라고 쉽게 예측할 수 있어요. 미래에는 국가라는 지리적 조건이 무의미해지고, 직업을 찾아 전 세계로 노동력이 이동할 겁니다.

| 인류의 역사를 바꾼 것들 |

요즘 교육이나 사회의 변화를 말할 때, '4차 산업혁명'이란 표현이 자주 쓰이고 있어요. 앞 장에서 AI 이야기를 하며 언급했지요. 그런데 구체적으로 무엇을 4차 산업혁명이라고 할까요?

이 책의 앞부분에서 인류의 조상들과 진화에 대해 이야기한 것, 기억하나요? 인류의 역사를 세 번의 커다란 혁명 같은 변화로 나누어 설명한 이스라엘의 역사학자 유발 하라리는, 진화라는 커다란 변화도 '혁명'이라는 개념으로 분류하고 있습니다[1].

첫 번째 혁명은 7만 년 전 현생 인류의 사촌 격인 네안데르탈인

....
1. 유발 하라리 지음, 조현욱 옮김, 『사피엔스』, 김영사, 2015

에서 인류의 조상 호모 사피엔스로 진화하여 인류의 주된 종족이 바뀌면서, 언어를 바탕으로 겪은 인지혁명입니다.

두 번째 혁명은 1만 2천 년 전에 일어난 농업혁명이에요. 인간은 사냥을 하거나 식물을 캐서 생계를 해결하던 삶에서 벗어나, 한 곳에 정착하며 농사를 짓고 짐승을 직접 기르게 되었습니다.

세 번째 혁명은 약 500년 전의 과학혁명입니다. 이런 혁명이 일어나는 흐름을 눈여겨보면, 역사가 흐를수록 혁명의 간격은 급격하게 짧아지는 대신 변화의 폭은 매우 커져요. 그래서 과학혁명의 시기를 다시 1차부터 4차까지 나누어 설명하는 흐름이 나타났어요.

1차 산업혁명은 에너지원의 변화였습니다. 이전의 사회에서 에너지원은 사람이나 동물의 근육에서 나온 힘이었어요. 1차 산업혁명이 시작되며, 석탄과 석유로 기계를 돌리면서 대량 생산이 가능해지게 되었습니다.

2차 산업혁명은 전기가 인간의 생활을 바꾼 것입니다. 200여 년 전만 해도 전기는 과학 실험을 할 때 말고는 별 가치가 없었어요. 하지만 지금은 전기가 없는 삶을 상상할 수 없습니다.

3차 산업혁명은 반도체와 컴퓨터, 인터넷을 기반으로 하는 정보의 폭발과 그것을 다룰 수 있는 기술을 의미합니다.

여기에서 더 나아간 4차 산업혁명은 그 개념이 생긴 지 채 20년도 되지 않은 신선한 용어예요. 이 말을 제일 먼저 사용한 사람은 WEF(다보스포럼)[2] 회장 클라우스 슈밥입니다.

그는 4차 산업혁명 시대가 되면 "3차 산업혁명을 기반으로 디지털,

바이오산업, 물리학 등 3개 분야의 융합된 기술들이 유비쿼터스[3], 모바일 인터넷과 센서, 인공지능으로 경제체제와 사회구조를 급격히 변화시킬 것"으로 내다보았습니다[4]. SF(공상과학) 영화나 만화처럼 로봇과 함께 살아야 하는 시대가 열리는 것입니다.

| 버리는 사람 따로, 부족한 사람 따로 |

실제로 21세기에 들어서 4차 산업혁명을 겪는 지금, 이미 우리는 정보와 데이터의 어마어마한 처리 속도로 말미암아 과거 그 어느 때보다도 빠른 기술 혁명을 맞고 있습니다. 인공지능(AI)과 로봇은 인간과 비교할 수 없을 만큼 빠른 일처리로 엄청난 양의 물건을 생산하고 있고요. 그래서 앞으로 인류에게는 물건이나 상품이 모자라는 상황이 더 이상 오지 않을 것이라고들 예측하고 있어요.

그러나 물질적으로 풍요로운 삶은 어디까지나 생산된 물건 전체를 전 세계 인구수로 나누어서 평균을 냈을 때의 이야기입니다. 모든 사람들의 삶이 풍요로워질 것이라는 보장은 없어요. 오히려 그 풍요로움 속에서 극히 기본적인 요소가 부족해서 힘들어하거나 심

....
2. WEF: 다보스포럼(Davos Forum). 전 세계의 저명한 기업인, 경제학자, 저널리스트, 정치인 등이 모여 세계 경제에 대해 토론하고 연구하는 국제민간회의
3. 유비쿼터스(Ubiquitous): '언제 어디서나 존재한다'라는 뜻의 라틴어로, 컴퓨터가 생활 모든 곳을 연결해서 언제 어디서나 사람의 다양한 요구를 즉시 만족시켜줄 수 있는 정보통신 환경
4. 클라우스 슈밥 지음, 송경진 옮김, 『클라우스 슈밥의 제4차 산업혁명』, 메가스터디북스, 2016, 25쪽

지어 죽어갈 사람들도 많으리라는 예측이 힘을 얻고 있습니다.

이는 지금도 텔레비전이나 인터넷에서 종종 볼 수 있는 장면입니다. 먹을 것이 모자라 영양실조에 걸린 지구 반대편 나라의 어린아이들을 돕자는 유니세프의 광고 말이에요. 하지만 여러분은 집에서 식사할 때나 학교 급식시간에 먹다 남은 음식을 버린 적 있지 않나요? 음식물 쓰레기를 줄이려고 가족들과 함께 노력하기도 하지만, 그것은 환경 보호나 절약을 위해서지 음식이 모자라서가 아닐 겁니다.

이처럼 극과 극으로 나뉜 양극화 상황은 미래로 갈수록 더 심해질 것이라는 예측이 많아요. 기술이 아무리 발전하더라도, 그것을 이용하는 인간이 변하지 않으면 문제는 해결되지 않을 것입니다. 그러므로 4차 산업혁명은 더 나아가 '인간혁명'으로 이어져야 합니다.

자, 그럼 우리가 구체적으로 어떻게 변해야 한다는 것일까요?

| 널리 인간을 즐겁게 하라 |

'교수를 가르치는 교수'라는 호칭으로 유명해진 교수법[5]의 전문가, 조벽 교수는 희망을 베풀며 더불어 살아가는 인성으로 리더십을 키우라고 했습니다. 남에게 물질적인 것을 베풀고 자신의 것을 희생하는 구닥다리 개념의 인성을 갖춘 사람이 아니라, 새로운 개념의

....
5. 교수법(敎授法) : 학문이나 기예를 가르치기 위한 체계적 지식과 기술

인성인 '희망을 베푸는 사람'이 되라는 것이에요. 물건은 나누면 없어지지만, 희망을 나누면 백 명이나 천 명에게 베풀어도 없어지거나 줄어들지 않고 더 늘어난다고요. 그런 리더십을 지금 세상에서는 요구하고 있다고 했어요[6].

우리나라 교육의 기본 이념은 고조선 건국신화에 등장하는 단군의 건국이념을 따르고 있습니다. 여러분은 그게 무엇인지 알고 있나요? 홍익인간(弘益人間), 즉 널리 인간을 이롭게 하는 사람입니다. 다른 이들을 널리 이롭게 하는 사람이 되는 것이 우리나라 교육의 목표입니다. 그리고 그런 사람만이 현재와 미래에 다가올 문제를 해결할 수 있을 거예요.

유발 하라리는 인류, 호모 사피엔스가 지구상에 있는 무수히 많은 생명들을 멸종시켰으며, 앞으로도 그런 역할을 할 무책임한 존재라고 했습니다. 우리가 앞으로도 환경을 파괴하고 생태계를 망가뜨릴 것이라고요.

그러나 미래학자 엘빈 토플러는 "미래는 예측하는 것이 아니라 상상하는 것이다. 운명은 결정된 것이 아니며, 우리가 지금 어떤 선택을 하느냐에 따라 우리의 미래는 크게 달라진다."라고 말했어요. 그렇다면 우리는 어떤 미래를 선택해야 할까요?

어떤 인간이 미래의 지구를 지속가능하게 유지하며, 다른 종을 멸종시키지 않게 막고, 사람들이 영양실조로 죽지 않게 도울 수 있

6. 조벽 지음, 『조벽 교수의 인재 혁명』, 해냄, 2010, 154-156쪽

을까요? 물건이 필요 이상으로 넘쳐나는 사회, 가진 자와 못 가진 자의 격차가 상상을 초월할 정도로 심각한 사회, 환경 파괴를 멈추지 못하는 사회를 바꿀 수 있는 인간은 누구일까요?

그것은 바로 물질적 가치보다 즐거움이라는 가치를 추구하는 인간, 호모 루덴스 아닐까요? 경쟁보다는 함께하는 일에, 돈벌이보다는 돈이 안 되는 일에 기쁨으로 몰두하는 호모 루덴스. 지금 우리 앞의 해결할 수 없는 문제들을 풀어나갈 새로운 인류는 바로 그들입니다. 우리는 호모 사피엔스에서 호모 루덴스로, 생각하는 인간에서 놀이하는 인간으로 새롭게 탄생해야 합니다.

"21세기는 놀이하는 사람의 시대"라고 한 독일의 철학자 노르베르트 볼츠는 19세기가 생산자의 시대였고, 20세기가 소비자의 시대였다면, 21세기는 놀이하는 사람의 시대일 것이라고 예측했어요. 19세기 자본주의 시대에 경제학자들은 생산자들을 분석해왔고, 20세기 소비자의 시대에 트렌드 연구자들은 소비자를 분석해왔습니다. 그렇다면 놀이하는 사람의 시대인 21세기에는 놀이에 대한 이론도 필요하고, 놀이하는 사람에 대한 분석도 필요할 것이라고요[7].

카이스트에서 학생들을 가르쳤던 이민화 교수는 "미래 사회는 놀이와 문화를 활용한 산업이 최대 산업이 될 것"이라고 예측했습니다[8]. 물질적 충족이 이루어진 미래에 인간의 욕구는 정신적 방향을

7. 노르베르트 볼츠 지음, 윤종석 외 옮김, 『놀이하는 인간』, 문예출판사, 2017
8. 이민화 지음, 『협력하는 괴짜』, 시그니처, 2017, 46-48쪽

추구하는 쪽으로 이동할 테니, 결국 '놀이와 문화'가 최대 산업으로 부상할 것이라고 보았지요.

그리고 그런 시대에 우리의 홍익인간 사상이 큰 역할을 할 것이라고 했습니다. 또한 미래의 인재상으로는 인공지능과 로봇 등의 생산을 담당하는 과학기술 인재, 소비를 담당하는 놀이와 소비의 인재, 생산과 소비의 분배구조를 담당하는 사회적 인재가 필요하다고 했어요.

이민화 교수 역시 조벽 교수처럼 4차 산업혁명의 세 번째 단계를 인간혁명으로 봤고, 4차 산업혁명은 인간의 정신적 욕구인 자기표현과 자아실현의 욕구를 충족시켜야 한다고 했습니다. 공학분야에서 최고로 일컬어지는 이민화 교수와 최고의 교육전문가로 지칭되는 조벽 교수는 서로 다른 곳에서 다른 연구를 하고 있지만 결론은 똑같답니다. 우리는 '놀이하는 인간'으로 변해야 한다는 것이지요.

02 얼쑤, 절쑤, 지화자!
우리 놀이는 좋은 것이여

앞 장에서 미래를 이야기하는 데 홍익인간이라는 전통사상을 꺼낸 것이 어쩌면 여러분에게는 아귀가 맞지 않아 보일 수도 있을 겁니다. 하지만 미래사회에 있어서 바람직한 가치에 대하여 말하다 보면, 우리 선조들의 생각과 닮은 구석을 종종 발견하게 돼요.

신토불이(身土不二), 그 지방의 토양과 사람의 신체는 둘로 나뉜 것이 아니라 하나이므로 그 땅에서 난 것을 먹으라는 의미예요. 앞서 음식 중독에 대해 이야기할 때 말했지요. 외국으로부터의 운반 과정에서 더욱 늘어나는 탄소 발자국[9]이나 장거리 운송을 위한 방부 처리를 생각해볼 때, 신토불이는 요즘 같은 시대에도 의미 있게 다가오는 말이에요.

....
9. 탄소 발자국 : 상품의 생산, 운반, 소비 과정에서 발생한 온실가스(특히 이산화탄소)의 종량. 일상생활에서 사용하는 연료, 전기, 용품 등을 모두 포함하는 개념. 실제 광합성을 통해 감소시킬 수 있는 이산화탄소의 양을 kg(킬로그램) 단위나 심어야 할 나무의 수로 환산해 표시함

홍익인간이라는 개념도 마찬가지입니다. 까마득한 옛 나라, 고조선의 건국이념이지만 '널리 인간을 이롭게 하는 것'이라는 말 속에는 평등과 평화, 생명 존중과 같은 미래사회에 더욱 지켜야 할 가치가 담겨 있습니다. 그렇다면 우리 전통놀이 속에도 미래에 지켜가야 할 가치가 담겨 있을까요?

| 강강술래는 축제였을까, 전투였을까? |

여러분은 '강강술래'를 본 적 있나요? 아마 직접 본 사람보다는 명절날 텔레비전에서 언뜻 스쳐보거나, 책 속의 그림으로만 본 사람이 더 많을 거예요. 하지만 어떤 놀이인지는 모두 잘 알 겁니다.

정월 대보름날[10]이나 팔월 한가위 추석날, 보름달 아래서 알록달록한 한복을 입은 여인네들끼리 손을 잡아 원을 그리고 빙빙 돌면서 노래를 부르는 그 놀이는, 2009년 유네스코 세계 무형유산으로 지정되었습니다.

이 강강술래는 고대 부족국가 시대부터 달이 가장 밝은 추석이나 대보름날 밤에 달을 보며 춤추며 축제를 벌이던 관습이 남아 놀이로 전해지게 되었다는 해석이 있습니다. '강'은 '감'의 전라도 사투리이며 '술래'는 도둑이나 화재를 막으려 순찰하던 조선시대의 순라(巡

....
10. 대보름날 : 음력 정월 보름날(음력 1월 15일)을 명절로 이르는 말

羅) 제도에서 따온 말이니, 우리 민족 고유의 놀이라는 것입니다[11].

신라시대 사람들이 불렀던 노래인 향가 '처용가'의 가사를 보면, 우리 조상들이 달 밝은 밤에 늦게까지 놀았으리라는 것을 짐작할 수 있지요.

서라벌 밝은 달밤에 / 밤늦게 놀다가 / 들어가 자리를 보니 / 다리

가 넷이구나 / 둘은 내 것인데 / 둘은 누구의 것이냐

그런가 하면, 임진왜란 때 우리 민중들이 서로 힘을 합쳐 적을 물리치려고 강강술래가 시작되었다는 해석도 있어요. 당시 조선군은 침략해온 일본군보다 세력이 약했거든요. 그래서 이순신 장군이 우리 군의 숫자를 많아 보이게 해 적을 속이려고 아녀자들을 동원해 원을 그려 춤을 췄다고 합니다. 그래서 '강한 오랑캐가 물을 건너온다'라는 의미인 강강수월래(強羌水越來)가 원래 이름이라는 주장입니다.

| 전쟁 무기가 된 돌팔매질 실력 |

민속놀이는 유사시에 공동체를 파괴하려는 외부 세력들에 대항하는 힘으로 작동하기도 했습니다. 돌싸움이라고도 하는 석전(石戰)[12]

....
11. 『뉴시스』, 〈추석연휴 박물관에서 송편 빚고 강강술래〉, 2019.09.11
12. 박호순, 『알고 보면 재미있는 우리 민속의 유래2』, 비엠케이, 2016, 71-76쪽

도 그런 예입니다.

돌싸움은 정월 대보름날, 두 동네의 남성들끼리 서로에게 돌을 던져 승패를 가르는 놀이였어요. 경기 규칙이 너무도 단순해서 심판도 필요 없었지만 승패는 완벽하게 가려졌습니다. 어느 한편이 힘을 잃고 물러나야 끝났거든요. 우리 조상들은 돌싸움에서 이긴 동네에는 풍년이, 진 동네에는 흉년이 든다는 농사점(農事占)을 믿었기 때문에 죽기 살기로 돌싸움에 끼어들어 물러나지 않았어요.

놀이 중에 돌에 맞아 다치기도 했지만, 돌싸움에서 입은 부상으로 누군가를 탓하거나 보상하라고 시비를 거는 일은 없었다고 해요. 조선시대에는 위험하다는 이유로 법으로 금지하려던 적도 여러 번 있지만, 백성들은 계속 돌싸움을 즐겼습니다.

우리나라의 돌싸움은 고구려 때부터 중국 역사서에 기록되었고, 1930년대 일제가 금지하기 전까지는 서울에서도 흔히 하던 놀이였습니다[13]. 매년 정월마다 신문에 석전(石戰)으로 벌어진 사건사고 기사가 실릴 정도였으니까요.

돌싸움은 놀이였지만 일부 지역에선 일종의 군사훈련의 역할도 했습니다. 돌싸움을 잘 하는 사람들로 '척석군(擲石軍)'이 만들어져 실제 전쟁에서 큰 역할을 수행하기도 했지요. 여러분은 임진왜란이 벌어졌을 때 조선군이 큰 승리를 했던 '행주대첩'을 알고 있나요? 이때 동네 부녀자들이 무기로 쓰일 돌을 행주치마에 담아 날랐

....
13. 『경향신문』, 〈[설 특집]설 놀이하다 사람들 다치고 죽어… 왜?〉, 2013.02.03

기 때문에 행주대첩이라는 이름이 붙게 됐다는 일화도 있습니다[14].

이렇듯 돌은 국가가 외세의 침략이라는 위기에 처했을 때, 백성들이 적에게 대항할 무기가 되었어요. 평소 농사짓고 살던 백성들에게 창이나 칼과 같은 무기가 있을 리 없지요. 그렇지만 평소 돌싸움을 하며 길러온 돌팔매질 실력은 삶의 터전을 빼앗고 해치려드는 적군에게 대항할 유용한 기술이 되었습니다.

씨름도 전쟁에서 쓸모 있는 놀이 기술이있습니다. 백싱들도 씨름을 즐겼지만, 군사들도 씨름을 훈련의 한 가지로 익혔어요. 이순신 장군의 『난중일기』를 보면 임진왜란 중 장군과 병사들에게 4차례 씨름을 시켰다고 합니다. 청나라에게 조선이 굴욕적으로 패배한 병자호란 이후, 끌려간 볼모[15]라는 입장으로도 청나라 장수와 주먹까지 쓰는 씨름판을 벌여 이긴 김여준이라는 무신도 있어요[16].

| 풍물패 나가신다, 탐관오리 물렀거라! |

여러분은 사물놀이가 무엇인지 알고 있겠지요. 중학교 음악 교과서에도 실려 있으니 대부분 알고 있을 거예요. 그러면 '풍물놀이'라는 것도 들어본 적 있나요? 사물놀이와 어떤 차이가 있을까요?

....
14. SBS, 〈[스브스스토리] 우리에게 통키의 DNA가 있다?… '피구왕 조상님'〉, 2016.02.28
15. 볼모 : 약속이나 조약의 이행을 담보로 상대편에 잡혀두는 사람이나 물건
16. 『경향신문』, 〈고구려 각저총에 새긴 '씨름' 유네스코 유산의 향기 [이기환의 흔적의 역사]〉, 2018.11.01

쟁과리, 장구, 북, 징의 네 가지 타악기를 무대에서 공연하는 사물놀이는 세계적으로 우리의 국악을 대표하는 음악으로 잘 알려져 있습니다. 그러나 사실 따지고 보면 사물놀이는 원래부터 있었던 우리 전통놀이가 아닙니다. 1978년 김덕수라는 사람을 포함한 네 명이 풍물놀이 가락을 무대 공연에 알맞게 재구성해서 연주한 것을 계기로 사물놀이가 생겼답니다[17].

전통놀이인 풍물놀이는 사물놀이의 네 가지 악기 외에 소고, 태평소, 나발 등의 악기가 더해지기도 합니다. 그러나 무엇보다 큰 차이점은 무대나 실내에서의 공연을 감상하는 형태인 사물놀이와 달리, 풍물놀이는 여러 사람이 넓은 뜰이나 들에서 춤추고 노래하고 뛰고 달리며 노는 놀이라는 거예요. 이 놀이는 사람이 많을수록 더 신나고 즐거워요. 특별히 악기를 다룰 줄 몰라도, 그 판에 끼어들어 함께 어우러지며 어깨춤을 추면 됩니다. 그래서 풍물놀이야말로 가장 평범한 사람들이 즐길 수 있고, 아무나 그 판에 끼어서 놀아도 되고, 그럴수록 더 재미있는 대중의 놀이라고 할 수 있어요[18].

대보름날의 줄다리기, 단오나 추석의 씨름판 또는 동네잔치 등 사람들이 모여 어떤 놀이나 행사를 할 때, 그 시작과 끝에는 풍물놀이가 있었습니다. 풍물 소리를 들으면 가슴이 뛰고, 얼른 달려가 어우러지고 싶은 마음이 절로 들거든요. 그래서 이 놀이는 집단의 단결력을 높였습니다.

....
17. 주대창 외 지음, 『중학교 음악 교과서』, 비상교육, 2017
18. 도유호 외 지음, 주강현 해제, 『북한 학자가 쓴 조선의 민족놀이』, 푸른숲, 1999

제1회 장곡노루마루축제 길놀이 모습

풍물패가 풍물을 두드리며 마을축제의 시작을 온 동네에 알리고 있습니다. 이처럼 온 동네를 돌며 풍물을 치는 데에는, 귀신이 좋은 판을 망치지 않도록 민중들을 이끌고 동네 구석구석을 꼭꼭 밟는다는 의미도 있어요. 우리 조상들은 귀신마저도 못 일어나게 만들 힘을 민중이 가지고 있다고 생각했습니다.

조선시대 갑오농민전쟁처럼 봉건사회에서 농민들이 지배자들의 억압에 맞서 싸울 때도, 풍물소리가 투쟁의 시작을 알렸습니다. 권력을 휘둘러 나쁜 일을 하던 관리들은 아무 행사 날도 아닌 때에 풍물소리가 울리면 간담이 서늘했겠지요. 수백 년이 지난 지금도 그 전통은 남아, 대규모 파업 같은 노동쟁의[19] 현장이나 시위 현장에 풍물단 사람들이 시작을 알리는 풍물을 치며 등장하곤 합니다.

....

19. 노동쟁의 : 노동자와 자본가 사이에 임금, 노동 시간, 노동 조건 따위에 관한 이해의 대립으로 일어나는 분쟁

| 온 동네가 힘을 모으던 줄다리기 |

줄다리기도 옛날에는 동네끼리 겨루는 경기였습니다. 오늘날 체육대회나 운동회 때 하는 것과는 비교할 수 없을 정도로 어마어마한 규모였어요. 두 동네끼리 겨루기도 했지만, 요즘으로 치면 면 단위 지역에서 위쪽과 아래쪽을 나누어 각자 중심 동네를 정하고 나머지 동네들을 둘 중 하나에 속하게 해서 겨루기도 했으니까요.

주로 정월 대보름날 풍물놀이와 함께 했으나, 지역에 따라 추석이나 단오에 하는 곳도 있었어요. 줄다리기가 이루어지는 장소는 구경하려는 사람들로 발 디딜 틈조차 없을 정도였습니다.

줄다리기에 필요한 재료인 동아줄을 꼬는 것부터 온 동네 사람들이 참여했습니다. 사람들이 꼰 5~60센티미터 굵기의 동아줄을 서로 엮으니 3~400미터 길이에 달하기도 했어요. 또, 줄다리기에서 이기려면 온 동네 사람들이 단결해서 일치된 동작을 해야만 해요. 그래서 이 역시 집단의 단결력이 아주 중요한 놀이였어요.

이처럼 우리나라의 민속놀이는 동네 단위로 편을 나누어 하는 것이 많았고, 이런 놀이를 하며 사람들의 단결과 소통 그리고 화합을 만들어냈어요.

하지만 1910년부터 1945년까지 일제가 우리나라를 강제로 점령했을 때, 민속놀이들은 모두 금지되었습니다. 우리 민속놀이가 가진 규모와 집단성은 일제가 보기에도 두려움을 느낄 만큼 컸기 때문이었겠지요. 대규모의 집단이 모여 놀이를 하며 단결하고 화합하는 모습은, 일제의 억압을 벗어날 수 있는 힘을 기르는 것처럼 보였을 테니까요. 결국, 우리의 좋은 민속놀이들은 쇠퇴하게 되었습니다.

부당한 권력은 늘 민중이 모이는 것을 두려워하기 마련입니다. 대규모의 집단행동이며, 단결력과 전투력을 키워주는 우리 민속놀이는 부패한 지배자들에게는 눈엣가시였을 거예요. 그리고 그것이 바로 우리 민속놀이의 가장 큰 힘이자 매력입니다.

03 '다름'을 틀리지 않게 받아들이는 깍두기의 지혜

앞서 인간의 5단계 욕구 중 사회적 욕구를 이야기하며 행상인으로 분장한 계모에게 여러 번 속은 백설공주 이야기를 했지요. 백설공주가 죽을 뻔했으면서도 자꾸 행상인에게 문을 열어준 것은 '외로움' 때문일 거예요. 일곱 난쟁이가 일하러 가면 이웃도 없는 숲 속 빈 집에 혼자 남아 있었을 백설공주. 함께 놀거나 이야기할 상대는 아무도 없던 나날이 계속되는 외로움 속에서, 누가 놀자고 문을

외로움 때문에 속아서 죽을 뻔한 백설공주
누군가 같이 놀 사람이 없는 사람은 외로움에 지쳐 삶이 불행해집니다. 난쟁이 중 한 사람만이라도 백설공주와 함께 집에 남았다면, 백설공주는 위험을 감수하면서까지 계속 낯선 사람과 접촉하지 않았을 텐데요.

두드리면 열 수밖에 없었겠지요.

일종의 자살행위에 가깝습니다만, 그만큼 백설공주가 외롭고 쓸 쓸했으며 사회적 관계를 맺을 수 없는 고통에서 벗어나고 싶어 했 다는 것을 짐작할 수 있습니다.

| 무인도의 삶보다 힘든 현실 외톨이 |

영국의 소설가 대니얼 디포가 쓴 『로빈슨 크루소』는 무인도에 표 류한 로빈슨 크루소가 구출되기 전까지 그곳에서 무려 27년 동안 살아가는 이야기입니다. 아무것도 없던 섬에서 크루소가 부지런하 게 자급자족하며 살아가는 모습은 감탄이 나올 정도랍니다.

하지만 만일 그가 자신의 처지에 낙담하고 희망을 잃었더라면 자 기 능력을 제대로 발휘할 수 없었을 거예요. 아마도 크루소는 언젠 가 자신이 살던 사회로 돌아갈 수 있을 것이라는 희망 속에서 27년 의 하루하루마다 무인도에서 살아남는 놀이를 했던 것은 아닐까 요? 그 속에서 자신이 가진 능력을 힘껏 발휘하고, 그 성취를 확인 하며 만족감을 얻었겠지요.

그런데 크루소가 자기 나라로 돌아갔을 때, 기억과 다르게 변해 버린 사회나 27년 만의 문명생활에 적응하기 힘들어하는 그를 주변 사람들이 비웃으며 피했다면 어떻게 됐을까요? 무인도에서 살아남 은 크루소라도 그런 사람들 사이에서 잘 살 수 있었을까요?

영화로도 만들어진 김려령의 소설 『우아한 거짓말』에서 왕따 피해자 천지는 친구 화연이가 자신을 은근히 괴롭히고 철저히 이용하는 줄 알면서도 함께 어울릴 수밖에 없었습니다. 그렇게 몇 년 동안 참고 지냈지만 화연이 달라질 기미를 보이거나 왕따에서 벗어날 수 있다는 판단이 들지 않자, 천지는 죽음을 택하게 됩니다. 천지가 가해자의 곁을 떠나지 못한 이유도, 자살하게 된 이유도 모두 고립감을 견딜 수 없어서였지요.

왕따는 피해 당사자를 죽음으로까지 몰고 갈 수 있는, 심각한 학교 폭력 문제입니다. 연구에 따르면 초등학교부터 고등학교까지 왕따가 벌어지는 모습은 크게 다르지 않아요[20].

학교를 오갈 때나 교실에 있을 때 늘 혼자인 사람. 모둠 활동이나 짝을 정할 때처럼 집단 활동을 해야 할 때 모두가 피하는 사람. 집단의 구성원들은 그 사람을 존재하지 않는 그림자처럼 취급하거나, 오가면서 일부러 툭툭 치거나, 애꿎은 험담을 하는 등 끊임없이 괴롭힙니다.

이유 없이 시작된 괴롭힘인데도, 괴롭힘이 진행되는 과정에서 그 사람의 반응을 왕따의 원인이라고 가리키며 왜곡된 이유를 만들어 붙입니다. 그렇게 집단 내에서 왕따를 정당화하는 거지요.

예를 들면, 그 사람이 하루 종일 툭툭 치고 다니는 것을 견디다 못해 화를 내면 이렇게 말합니다.

....
20. 문재현 외 지음, 『왕따, 이렇게 해결할 수 있다』, 살림터, 2012, 37-48쪽

"일부러 그런 거 아닌데? 쟤는 실수로 톡 건드렸는데도 소리를 지르더라. 성격 진짜 이상해. 같이 못 놀겠어."

그 사람이 아무도 자기를 상대해주지 않자 외로운 나머지, 그런 폭력마저 괜찮다고 하면 이렇게 말합니다.

"쟤는 세게 쳐도 안 아프대. 야, 우리 쟤 좀 치면서 놀아보자."

그러다 보면 그 집단에서는 그 사람을 괴롭히는 것이 재미있는 놀이가 되어버리는 것입니다. 왕따를 당하는 사람에게는 괴로운 일이지만요.

| 왕따, 시켜도 당해도 괴로워 |

신경과학자 나오미 아이젠버거는 집단에서 왕따를 당할 때 뇌에 무슨 일이 일어나는지 실험했어요. 연구진은 실험에 지원한 피험자들에게 공을 주고받는 식의 간단한 컴퓨터 게임을 하도록 했습니다. 피험자와 함께 게임을 하는 플레이어들은 컴퓨터 프로그램이었지만, 피험자에게는 상대 플레이어도 사람이라고 말했어요. 컴퓨터 프로그램들은 처음에는 공정하게 모두 함께 공을 주고받다가, 어느 정도 시간이 흘렀을 때부터 피험자를 따돌리고 자기들끼리만 공을 주고받기 시작했습니다.

여기서 놀라운 사실이 발견됩니다. 이 실험에서는 피험자를 뇌 스캐너[21]에 눕혀놓고 실험했는데, 공놀이에서 배제된 피험자의 뇌 속에서 '실제로 통증을 느낄 때'와 같은 부위가 활성화되었답니다[22]. 그저 집단의 놀이에서 소외되었을 뿐인데, 소외당하는 사람은 실제로 몸이 아프거나 다쳤을 때와 같은 정도로 괴로움을 느꼈다는 거예요.

현대 신경과학은 이 실험을 통해 왕따를 당하는 사람의 아픔은 마음의 괴로움 차원을 넘어 몸의 통증까지 함께 일으키는 최고의 고통이라는 결론을 내린 셈이지요.

이처럼 따돌림으로 인한 외로움은 인간이 감당하기 힘든 고통입니다. 사회학에서는 그 이유를 '인간은 사회적 동물이기 때문'이라고 설명합니다. 그래서 우리들 인간은 혼자 살 수 없고, 집단 속에서 다른 사람들과 어울려 사회적 관계를 맺으며 살아가야 한다고요.

현대사회에서 범죄를 저지른 사람을 법적으로 처벌할 때 감옥에 가두는 이유는 무엇일까요? 왜 감옥에 갇히는 것이 벌이 될까요? 그것은 개인의 여러 가지 자유가 제한되기 때문입니다. 사회적 관계가 차단된다는 것도, 감옥에 있는 사람들에겐 상당히 큰 괴로움이에요.

그런데 왕따에 참여하는 사람도 왕따를 당하는 사람만큼이나 마음에 상처를 입는다는 연구 결과가 그로부터 10년 뒤에 나왔습니다. 미국 로체스터 대학 리처드 라이언 교수팀은 나오미 교수팀의 실험과 동일한 컴퓨터 게임 속에서, 왕따 가해자의 심리상태를 조사하기 위해 피험자가 왕따를 시키는 상황도 포함하여 실험을 실

....
21. 뇌 스캐너 : 기능성 자기공명영상기, MRI
22. 데이비드 이글먼 지음, 전대호 옮김, 『더 브레인』, 해나무, 2017, 210쪽

시했습니다. 실험 후의 설문조사에서, 왕따를 시키는 데 참여한 사람도 왕따를 당한 사람만큼 마음의 상처를 입었다는 결론이 나왔어요. 정신적인 고통의 정도를 묻는 질문에서 왕따를 시킨 쪽과 당한 쪽 둘 다 비슷한 고통의 수치가 나타났다는 겁니다. 특히 부끄러움과 죄의식을 묻는 질문에서는 왕따를 시킨 쪽이, 왕따를 당한 쪽이나 중립을 지킨 쪽보다 훨씬 강하게 느꼈다고 해요[23].

뇌 과학에서는 이런 것들이 인간 사회를 진화시킨다고 설명합니다. 배제의 아픔이 사람들을 타인들과 상호작용하고 연대하도록 하는 메커니즘[24]이라고 해석하지요. 그래서 사람들은 집단을 끊임없이 만들고 그 속에서 안심하게 됩니다. 가족이나 친구도 그런 집단이며, 종교·언어·취미·스포츠 팀·나라 등의 기준으로도 크고 작은 집단을 만들고 그 안에 속하면서 편안함을 느낀답니다[25].

그런데 왕따에 대한 연구를 보면, 집단 사이의 관계가 느슨하거나 서로 잘 모르는 사람들 사이에서는 일어나기 어렵다고 합니다. 학교나 군대, 회사처럼 외부와 다른 문화를 가진 집단에서 자신들의 기준에 맞지 않는 개인을 왕따시키는 경향이 있어요. 이것은 학교나 군대, 회사라는 집단이 정한 문화라는 닫힌 관계 속에서 생겨나는 문제이므로, 개인의 문제가 아니라 그 집단의 구조적 문제입니다.

그렇다면 어떻게 해야 이 문제를 해결할 수 있을까요?

....

23. 강식기, 〈왕따, 시키는 사람도 당하는 사람만큼 아프다〉, 인터넷서점 YES24 웹진 『채널예스』, 2014.04.22
24. 메커니즘(Mechanism) : 어떤 대상의 작동 원리나 구조. '체제'라는 단어와 비슷하게 쓰임
25. 데이비드 이글먼 지음, 전대호 옮김, 『더 브레인』, 해나무, 2017, 211-212쪽

| 서로 다를 뿐이지, 틀린 게 아니야 |

우리 모두가 개인의 개성이나 다양성을 인정하는 태도를 가져야 '왕따'라는 사회 문제를 풀 수 있을 겁니다. 누군가가 나와 '다르다'는 것이 따돌림의 대상이 될 이유는 아니잖아요? 그리고 다름을 인정하는 태도는 놀이를 통해 쉽게 얻을 수 있습니다.

놀이를 즐기기 위해서는 어느 정도 기술을 연마해야 해요. 예외가 있다면, 행운에 기대는 놀이는 그 놀이를 즐기기 위한 기술이 필요하지 않아요. 예를 들어 남에게 안 보이도록 손 안에 구슬을 몇 개 쥐고, 쥔 구슬 개수를 짐작으로 맞추게 하는 놀이 말이에요. 놀이의 세계든 현실 세계든 이런 놀이는 사람들을 홀려서 빠져들게 만들며, 행운에 의존하는 평등한 형태입니다. 다만 놀이의 세계는 현실 세계와 엄격하게 나뉘어 있어요. 이런 내기의 대가가 돈이면 사행성 오락이 되고, 딱지나 구슬처럼 별 가치 없는 것이면 놀이가 되거든요.

여러분은 대체로 여러 가지 놀이를 남보다 뛰어나게 잘하는 편인가요, 아니면 느리거나 실수를 자주 하는 편인가요? 놀이할 때 '깍두기'가 되어본 적이 있나요?

원래 우리나라의 아이들 놀이에서는 '깍두기'라고 해서, 어느 한편에 속하지 않고 노는 사람이 있었어요. 지방에 따라 이름은 달라지기도 하지만, '승부에 영향을 미치지 않는 나머지 같은 존재'를 말해요. 놀이를 할 때 이편도 아니고 저편도 아닌 양편인 사람이라는 의미입니다. 김장하고 남은 무를 대충 잘라 김치에 넣어 먹다가 하나의 음식이 된 깍두기의 유래와도 통하는 면이 있네요.

깍두기는 대개, 두 편으로 갈라서 하는 놀이에서 홀수의 인원이 모였을 때 남은 한 사람을 배제하지 않기 위해 집단이 정합니다. 깍두기의 대상은 집단 전체의 동의로 정해지며, 모인 집단의 평균에 비추어 지나치게 못하거나 매우 잘하는 사람이 주로 뽑혀요.

몸이 불편한 아이, 나이가 집단보다 어려서 놀이에 서투른 아이, 동생을 등에 업고 나와서 놀이하기 어려운 아이도 깍두기 덕분에 집단에 끼어 놀 수 있었습니다. 놀이를 아주 잘해서 깍두기가 된 아이의 입장에서는 양편에서 다 하려니 힘도 부치고 재미도 덜했겠지만, 놀이 세계에서 배제되는 것보다는 참여하는 것이 재미있기 때문에 불평 없이 그 원칙에 동의했지요.

놀이를 하지 않는 사람이 보기엔, 양편 모두에 속한 깍두기는 이기고 지는 것이 의미가 없으니 놀이가 재미없을 것이라고 생각할 수도 있겠지요. 하지만 노르베르트 볼츠의 연구 결과 놀이 참여자들은 단순히 놀이에 참여하는 것뿐만 아니라, 놀이가 진행되도록 돕는 역할도 한다는 것이 밝혀졌어요[26]. 재미있는 놀이를 지속시키기 위해서요. 그래서 깍두기도 다른 참여자와 마찬가지로 놀이가 진행되도록 돕는 역할을 하므로 다른 참여자와 비슷한 재미를 느끼고, 깍두기가 되어도 놀이에 열심히 참여합니다.

....
26. 노르베르트 볼츠 지음, 윤종석 외 옮김, 『놀이하는 인간』, 문예출판사, 2017, 60-61쪽

자, 그럼 '깍두기'가 얼마나 위대한 우리 놀이문화인지 이해할 수 있을까요? 깍두기는 남들에 비해서 모자라거나 형편이 어렵거나 반대로 지나치게 뛰어난 사람도 누구 하나 마음이 불편하지 않게 놀이에 참여할 수 있는 장치입니다.

남들과 비교해서 조금 다르거나 대하기 어렵다고 왕따를 하는 현실과 비교해보면, 깍두기가 얼마나 인간미 넘치는 대응인지 와닿지 않나요? 혜택을 받는 사람이 특별대접을 받는다는 생각 없이, 혜택을 주는 집단들도 일부러 은혜를 베푼다는 생각 없이 불평등을 해결하고 완전한 평등을 누리는 방법이었습니다.

지금 우리 사회나 더 나아가 전 세계의 다양한 갈등을 깍두기 정신을 가지고 바라본다면, 복잡한 문제도 잘 해결되지 않을까요?

04 놀이하는 시대에 잃어버린 놀이를 찾아서

　　요즘에는 직접 손으로 만든 '핸드메이드(Handmade)' 제품이 고급스러운 취급을 받으며 인기를 얻고 있습니다. 옛날에는 스스로 만들 수 있는 물건은 되도록 직접 만들어 자급자족하는 생활이었기에, 대부분의 물건들이 핸드메이드였어요. 그런데 세상이 발전하고 문명화되면서 핸드메이드는 사라지고, 공장에서 만들어진 제품들이 상품으로 팔리게 되었지요. 앞으로 문명은 더 발전할 것이며 더욱 발달한 기계는 점점 더 정교하고 세련된 물건을 만들어낼 텐데, 왜 새삼스레 투박한 인간의 손으로 만든 물건들이 인기가 있고 가격이 비싼 걸까요?

　　그것은 아마도 세상에 하나밖에 없는 물건이기 때문 아닐까요? 내 손에 딱 맞게, 그야말로 나 한 사람만을 위해 만들어진 것이니까요.

| 내가 직접 만든 놀잇감, 내 몸에 딱이야 |

제가 어렸을 때 놀잇감은 딱지나 고무줄, 구슬 같은 것 말고는 대부
분 자연물이나 버릴 것들을 직접 다듬어 만든 것들이었어요. 고무
줄이나 공처럼 가게에서 사야 했던 것도 있었지만, 가격은 별로 비
싸지 않았습니다.

땅따먹기, 동서남북처럼 바닥에 금만 그리면 되는 놀이들도 있었
지요. 그런 놀이는 금을 잘 긋는 것이 놀이의 첫 시작이었습니다.
너무 크지도 너무 작지도 않게, 우리들의 몸에 맞게 적당한 크기로
그려야 모두들 재미있게 놀 수 있었어요.

병뚜껑을 돌로 때려서 납작하게 만든 '계급장'이라는 놀잇감으로
딱지치기처럼 놀기도 했습니다. 땅바닥에 놓은 계급장을 다른 계
급장으로 쳐서 뒤집히면 따먹는 식이었어요. 그래서 동네 아이들은
사이다 병이나 맥주병 뚜껑만 보면 바로 수집해서 계급장을 만들었
답니다.

귀찮다고 대충 때려서 만들면 놀이에서 바로 뒤집혀서 잃게 되니,
아주 평평하게 될 때까지 돌로 잘 때려줘야 했어요. 잘못 만들어서
별로 동그랗지 않고 찌그러진 타원이 되면, 놀잇감으로 푸대접을 받
아 친구들이 별로 따고 싶어 하지 않았지요. 하지만 열심히 때려서
동그랗게 만든 계급장은 친구들이 따고 싶어서 안달했습니다.

여기서 놀이의 맛이 났습니다. 남들이 내 것을 따고 싶어서, 나를
이기고 싶어서 최선을 다하며 달려드는 맛이요. 우리는 이를 위해

온갖 정성을 다해서 계급장을 돌로 때려 평평하고 동그랗게 만들었어요.

교과서의 겉표지처럼 딱딱한 종이는 딱지를 만들면 딱 좋았습니다. 신문지로 접은 딱지는 칠 때 소리만 펑펑 크게 날 뿐, 다른 딱지를 넘길 힘은 없었어요. 그렇다고 힘 좋은 딱지를 만들 욕심에 너무 두꺼운 종이로 접게 되면 잘 넘기는 만큼 잘 뒤집히기도 해서 잃기 십상이라, 딱지 접기에 딱 좋은 종이를 찾는 것은 쉬운 일이 아니었습니다.

딱지도 누가 접느냐에 따라 예쁜 딱지가 있고, 못생긴 딱지가 있었지요. 솜씨 있게 잘 만든 딱지를 가진 아이는 딱지놀이에서 당연히 대접을 받았습니다. 딱지끼리 교환할 때도 그런 딱지는 모양 없는 딱지 두세 개와 바꿀 수 있었어요. 누구든 따고 싶어 하던 그 딱지를 제가 땄을 때의 기분은 이루 말할 수가 없을 정도였어요.

자치기의 자(새끼자)는 동그란 나무막대의 양옆을 톱으로 평행한 사선으로 잘라야 하는데, 바닥에 자가 누웠을 때 잘린 면이 바닥과 이루는 각도가 중요했습니다. 직각보다 작은 예각을 이루어야 하지만, 그렇다고 각도가 너무 작으면 자를 쳤을 때 위로 너무 낮게 튀어 오르고, 반대로 너무 각이 크면 치는 면이 작아져서 자의 등이나 땅바닥을 쳐버릴 수 있으니까요. 자의 등을 때리면 공중으로 튀어오르지 않아서 자를 칠 수 없고, 자가 아닌 땅바닥을 때리면 아예 '죽게' 됩니다. 그래서 치기에 좋은 각을 잘 가늠해야 했어요.

자를 치는 막대(어미자)의 길이도 중요했습니다. 놀이에서 이기려고 너무 짧게 만들거나, 자를 멀리 보내려고 너무 길게 만들 경우 둘 다 놀이를 할 때 낭패를 봤어요. 너무 짧으면 자를 칠 때 힘을 쓸 수가 없었고, 너무 길면 내 힘이 막대의 무게를 감당하기 어려웠습니다. 자기 손과 힘에 적당한 크기의 자와 자 치기 막대가 있어야 재미있게 놀 수 있었지요.

공기놀이나 비석치기처럼 돌로 하는 놀이는 놀이하기에 좋은 돌을 찾아야 합니다. 돌을 찾아도 대부분 그대로는 쓸 수 없고, 다른 돌로 쳐서 다듬어야 해요. 비석치기 돌은 네모나고 납작하면서 무게감이 좀 있는 것이 좋아요. 공깃돌은 다섯 개가 한 손에 들어가는 크기로, 손에 쥐었을 때 아프지 않게 동글동글하게 다듬어야 합니다. 이렇게 만든 놀잇감들은 항상 주머니에 넣고 다녀서 언제 어디서든 놀이를 할 수 있었어요.

어렸을 때 저는 옷을 갈아입으며 깜빡하고 공깃돌을 챙기지 않았다가, 나중에 엄마가 빨래하면서 호주머니 속 공깃돌을 버렸다는 것을 알고 눈물을 펑펑 쏟았던 적이 있습니다. 적당한 무게감을 지닌 돌을 찾아내 모나지 않게 다른 돌로 치고 바닥에 갈아서 열심히 만든, 제 손에 딱 맞는 공깃돌이었으니까요. 다른 공깃돌과 바꿀 생각도 전혀 없었습니다. 직접 만든 공깃돌은 만든 사람의 손에 가장 잘 맞아서, 정말 잘 가지고 놀 수 있었기 때문이에요.

비석치기나 사방치기 돌도 마찬가지였습니다. 직접 공들여 만든 것들이 있어야, 놀이할 때 금방 죽지 않고 오래 놀 수 있었어요.

- 땅따먹기

땅따먹기를 하려면 땅바닥에 적당한 크기의 사각형을 그린다. 놀이 시간이 넉넉하거나 놀 사람의 신체가 클수록 사각형도 커진다. 인원은 두 사람에서 네 사람 정도가 적당하다.

가위바위보로 순서를 정한 후 사각형의 네 귀퉁이를 각각 한 사람씩 차지하고, 자기 차례가 오면 작은 돌멩이를 손가락으로 세 번 튕기면서 삼각형의 땅을 그린다. 이때 세 번 튕기는 동안 삼각형을 못 그리거나, 사각형의 금 밖으로 돌멩이가 나가면 죽는다. 가장 땅을 많이 차지한 사람이 이긴다.

- 동서남북

동서남북을 할 때, 먼저 땅바닥에 가운데가 두 개의 금으로 이루어진 사다리 모양으로 금을 긋는다. 그다음 두 편을 갈라 공격과 수비를 정한다.

수비팀은 사다리 가운데 두 개의 금 안에 들어가 기다린다. 공격팀은 사다리의 한쪽에서 시작해서, 앙감질(한 발을 들고 한 발로만 뛰는 것)로 사다리 반대편에 갔다가 다시 돌아오면 이긴다. 수비팀은 한쪽 발로 사다리 가운데를 짚고서, 반대편으로 건너가는 공격팀을 손으로 쳐서 방해한다. 이때 공격팀이 수비팀의 손에 맞으면 죽게된다.

- 계급장놀이와 딱지놀이

놀이 재료는 다르나 두 놀이 모두 놀이 방법은 같고, 두 사람만 모이면 할 수 있다.

놀이 방법은 두 가지인데, 보다 널리 알려진 방법은 상대방의 것을 쳐서 뒤집히면 따는 것이다. 한쪽이 가진 것을 다 잃으면 놀이가 끝난다.

다른 한 가지 방법은 주먹 안에 쥔 계급장이 홀수인지 짝수인지를 다른 사람이 맞추는 놀이이다. 이때 맞추는 사람은 자기 계급장을 그 결과에 걸어야 한다. 홀짝을 맞췄을 경우 문제를 냈던 사람은 맞춘 사람이 건 개수만큼 계급장을 줘야 하고, 못 맞췄을 경우 못 맞춘 사람이 문제를 냈던 사람에게 건 개수만큼 계급장을 준다. 크기가 작은 딱지나 구슬도 이렇게 놀이를 하기도 한다.

- 자치기

자치기는 10명 이내의 인원이 하기에 석낭한 놀이이나. 놀이 장소는 운동장이나 골목, 놀이터 같은 바깥 공간이어야 하며, 흙바닥이 가장 좋다.

이 놀이를 하려면 '새끼자'와 '어미자'가 필요하다. '새끼자'는 작은 자이며 바닥에 놓고, '어미자'는 큰 자이며 새끼자를 치고 새끼자가 날아간 거리를 재는 도구이다.

우선 바닥에 깊이 7센티미터, 넓이 10센티미터 내외의 홈을 판다. 홈을 파기 어려우면, 바닥에 그 정도의 공간을 띄울 수 있는 돌 두 개를 놓기도 한다.

공격팀이 그 위에 새끼자를 걸쳐놓고 어미자로 새끼자를 걸어 멀리 보낸다. 이때 수비팀이 날아온 새끼자를 잡으면 죽는다. 바닥에 떨어진 새끼자를 어미자로 쳐서 공중에 띄운 후, 그것을 세게 쳐서 멀리 날리고 어미자로 날아간 거리를 재는 놀이이다. 처음 시작할 때 몇 자까지 갈 것인지 정해서, 먼저 그만큼 간 편이 이긴다.

■ 비석치기

놀이 인원은 8명 이하가 적당하다. 놀이를 시작하기 전에 각자 비석을 하나씩 준비하는데, 비석처럼 넓적한 모양을 가지고 있고 크기는 손바닥만 하고 세우기 좋은 돌이면 된다.

바닥에 금을 나란히 두 줄 정도 긋고 시작한다. 두 편이 가위바위보를 하여 진 편이 금 위에 비석을 세워놓으면, 이긴 편이 다른 금 위에서 서서 자신의 비석을 던져 상대의 비석을 맞춰 쓰러뜨린다. 만일 상대의 비석에 맞지 않으면 돌을 던진 사람이 죽는다. 맞춘 비석이 쓰러지지 않았다면 '반비'라고 하여 비스듬히 세워놓고 한 번 더 던질 기회를 준다.

상대방의 비석을 다 쓰러뜨리면 다음 단계로 넘어가, 전 단계에서 죽었던 사람들도 살아나서 모두 비석을 치게 된다. 상대의 비석을 다 쓰러뜨리지 못했을 경우에는 비석을 치는 편이 바뀐다.

비석치기에는 여러 단계가 있다. 먼저 제자리에서 그대로 비석을 던져 맞추는 식이다. 다음 단계는 한 발 정도 떨어진 곳에 자기 비석을 던진 후 앙감질로 그 비석까지 뛰어가 비석을 밟은 후, 그 비석으로 상대방의 비석을 치는 것이다. 그다음으로 두 발 뛰어서 치기, 세 발 뛰어서 치기, 왼발 까기 등의 단계들이 있어서 하루 종일 여러 가지 방법으로 놀 수 있다.

■ 사방치기

사방치기는 기본적으로 하늘과 땅이 놀이판에 있어서, 처음에 땅에서 시작하여 하늘로 갔다가 다시 땅으로 돌아오는 구조다. 우선 바닥에 놀이판 그림을 그린다. 놀이판은 한 칸 위에 X자가 그려진 칸이 있고 그 위에 다시 둘로 나뉜 칸이 있으며 맨 위에 반원 형태의 하늘이 있는 표이다. 이 표의 칸마다 1부터 8까지 번호를 매긴다.

두 편으로 나눠 공격과 수비를 정한 후, 각자 발로 차기에 적당한 돌을 준비한다. 공

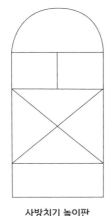

격팀부터 숫자 1에 해당하는 칸으로 시작해서 숫자 8의 하늘 칸까지 앙감질로 갔다 오면 칸 하나를 가질 기회를 얻는다.

칸을 가질 사람은 놀이판에 등을 돌리고 서서 뒤로 돌을 던지고, 그 돌이 떨어진 번호의 칸을 갖는다. 상대편은 그 칸을 못 밟게 된다. 이렇게 하늘 칸까지 모든 칸을 가지는 편이 이긴다. 못 밟는 칸들 때문에 도저히 놀이를 진행할 수 없을 때에는 처음부터 다시 한다.

사방치기 놀이판

| 돈 주고 잃는 경험 |

동물들이 노는 이유는 놀이하려는 본능을 가졌기 때문이기도 하지만, 놀면서 하는 행동들을 통해 나중에 커서 먹이를 구할 수 있는 방법을 학습하기 위해서이기도 합니다.

앞서 이야기한 놀이터 디자이너 귄터 벨치히의 말을 빌리자면, 사람도 놀이를 통해 삶을 배웁니다. 어린아이는 종이 딱지나 병뚜껑 계급장을 만들면서 재료의 속성을 알게 됩니다. 직접 놀잇감을 만드는 과정에서 재료를 가지고 도구를 만드는 방법을 익히게 되고요. 자치기에 쓸 막대를 다듬으며 연장의 사용법을 익히고, 용도에 맞게 재료를 설계하고 만들면서 나에게 맞는 크기의 장난감을 가늠할 수 있게 됩니다.

프랑스 철학자 앙리 베르그송은 인간을 '호모 파베르(Homo Faber)'라고 불렀는데, 이는 도구를 사용하는 인간이라는 의미입니다. 이때, 존재하는 도구를 그대로 사용하는 것이 아니라 직접 제작한다는 것을 강조했어요.

막대기를 가지고 바나나를 따는 것은 원숭이도 할 수 있다고 실험을 통해 밝혀졌어요. 인간이 원숭이와 다른 점은, 그 막대기를 가공하여 바나나를 뭉그러지지 않게 딸 도구를 제작하는 기술과 지능입니다. 이런 역량이 어디서부터 그리고 언제부터 길러질지 생각해보면 가게에서 파는, 이미 만들어진 장난감의 해로움을 염려하게 됩니다.

땅따먹기 놀이를 하려고 바닥에 금을 그리는 활동도 정말 별것 아닌 간단한 행동 같아 보이지만, 이를 통해 실생활에서 '면적'에 대해 배울 수 있습니다. 아이는 선을 여러 번 그리면서 사람이 움직이는 평균 거리와 가장 재미있게 놀 만한 면적을 가늠할 수 있게 되어요. 그 배움의 결과는 일상생활에서 길이나 면적을 고려해야 할 때 자연스럽게 활용될 겁니다.

자치기에 쓰던 막대기들도 뒷산에서 동그란 나뭇가지를 찾아서 톱으로 잘라 만들었습니다. 옹이 없이 매끈하고 원에 가까운 나뭇가지를 얻기 위해, 얼마나 눈에 불을 켜고 뒷산을 구석구석 뒤졌는지 몰라요. 그렇게 고생해서 찾은 나뭇가지로 만든 자를 잘못 쳐서 좁은 고랑에 빠뜨리거나 지붕에 올려버렸을 때는, 그만 눈앞이 깜깜해 졌습니다.

어린 시절 저는 직접 만든 자치기 도구나 공깃돌이 사라지면 펑 펑 울어버렸지만, 요즘 아이들은 문방구에서 산 싸구려 공깃돌을 잃어버려도 울거나 똑같은 것을 여기저기 찾으러 다니지 않을 겁니 다. 가지고 놀 거리를 주워 손에 맞게 다듬는 과정을 겪었다면, 자 연을 가까이하며 나무나 돌의 성질을 익히게 되었을 텐데요.

저는 세상에서 가장 좋은 놀잇감은 '자연물에서 구한 재료로 아 이가 직접 만든 것'이라고 생각합니다. 이 생각은 유명한 이탈리아 교육자 마리아 몬테소리의 교육 이론과도 통합니다. 몬테소리는 어 린아이들이 나무·면·모·금속 등의 천연물질을 만질 때 편안함과 기쁨을 느낀다는 사실을 깨닫고, 기본 색깔로 염색한 면 털실로 아 이들의 시각을 자극했어요. 그리고 이것은 '몬테소리 교구'라는 이 름으로 우리나라 사교육 시장에 들어와 엄청나게 비싼 가격으로 팔 리고 있습니다. 어쩌면 여러분도 어린 시절에 가지고 놀았을지도 모르겠네요. 하지만, 몬테소리가 생각한 감각 교육이 과연 이런 방 향이었을까요?

몬테소리는 아이들이 손으로 무엇을 만드는 것을 몹시 중요하게 여겼습니다. 아이들의 지성도 손놀림 없이 일정 수준까지 발전할 수 있지만, 손놀림이 더해지면 놀랍도록 더욱 발전하게 된다는 것 이 그의 주장이었어요[27]. 몬테소리 교구들은 그런 생각에서 만들어 진 거랍니다.

비단 아이뿐만 아니라 모든 사람들에게도요. 그녀는 손이 직접적으로 인간의 정신과 관련되어 있으며, 한 명의 개인을 넘어서 다른 시대나 다른 장소에 사는 사람들의 정신세계와도 관련되어 있다고 생각했습니다. 손을 쓰는 기술은 인간 정신의 발전과 연관되어 있어서, 인간 자신의 사상을 나타낸다고 보았거든요.

놀잇감을 만드는 행동은 손을 적극적으로 사용하는 활동이며, 자신이 제작자가 되는 경험입니다. 옛날에는 사람들이 직접 무엇을 만들어 쓰는 일이 흔했어요. 그런데 사회가 발전할수록 공장에서 만들어진 것을 사서 쓰게 됩니다. 이것이 과연 편리하고 좋기만 한 현상일까요? 이런 현상이 과연 우리 각자의 의지로 빚어지는 것인지 아니면 호모 에코노미쿠스, 더 나아가 금융자본가들의 의도인지 의심이 듭니다.

아이들이 놀잇감을 스스로 만드는 과정은 자연에 들어가 활동하며 재료를 찾고, 그것에 직접 도구를 사용하고, 눈으로 크기를 가늠하며 어떤 물건을 처음부터 끝까지 제작해 완성하는 활동입니다. 몬테소리 외에도 수많은 교육학자들은 아이들이 자연 속에서 활동하는 것을 몹시 중요한 교육과정으로 여깁니다.

손을 사용하는 활동도 뇌의 발달에 큰 도움이 되고, 몸을 움직이는 것도 아이들이 자라는 데 꼭 필요한 일이에요. 놀잇감을 제작하는 일은, 머릿속으로 그린 놀잇감을 현실에서 구체화시키기 위해

....
27. 정이비 지음, 『마리아 몬테소리 관찰의 즐거움』, 한울림, 2014, 52쪽

추상적 사고를 하고 그것을 다양한 과정을 거쳐 창조하는 일입니다. 놀잇감을 만드는 동안 아이는 고도의 정신적 활동과 신체적 활동을 하고, 그것들을 완전히 결합시켜요. 자연을 접하고, 감각적으로 느끼고, 추상적으로 생각하고, 그것을 손과 몸으로 구체적으로 구현하는 신체적 작업. 돈을 내고 장난감을 사면서, 부모는 사랑의 이름으로 성장의 기회를 빼앗고 있는 셈입니다.

| 장난감회사에 빼앗긴 놀이 |

앞서 19세기는 생산자의 시대였고, 20세기는 소비자의 시대였다면, 21세기는 놀이하는 사람의 시대일 것이라는 예측[28]에 대해 이야기했습니다.

이것을 데이비드 엘킨드의 책 『놀이의 힘』에서 장난감을 말하며 언급하는 상업주의와 연결시켜볼게요. 엘킨드는 19세기 생산자의 시대에 산업이 성장하면서 가정과 일터가 분리되기 시작했다고 보았습니다. 농촌을 떠나 도시로 나가게 된 여성들이 그동안 가정에서 하던 레이스 뜨기나 퀼트(바느질), 저장식품 만들기와 같은 수공예 문화는 버려지게 되었습니다. 그러면서 이미 공장에서 만들어진 상품을 사라는 부추김이 생겨났어요.

....
28. 노르베르트 볼츠 지음, 윤종석 외 옮김, 『놀이하는 인간』, 문예출판사, 2017

이것은 우리나라도 마찬가지였어요. 근대화를 한창 겪던 1960~1970년대, 농촌 여성들이 돈을 벌러 도시의 공장으로 오면서 시골에서 만들던 된장·간장·뜨개질 등은 시간 낭비로 여겨졌거든요. 그런 물품들을 돈을 주고 사서 쓰는 사회적 분위기가 만들어졌습니다. 그러면서 20세기 소비자의 시대에는 특히 여성들이 소비 시장의 주된 목표가 되었답니다.

그렇다면 놀이의 시대로 예측된 21세기는 과연 어떤 형태의 소비로 연결될까요?

엘킨드는 현대의 아이들이 장난감의 중요한 소비자로 떠오르면서, 점점 상업화된 아동기를 보내고 있다고 지적했습니다. 부모들에게 아이들의 장난감을 사주게 하려고, 장난감 제조업체들은 어린 소비자의 선호도를 조사하는 데만도 매년 수백만 달러를 쏟아붓고 많은 돈을 투자해서 광고를 해댑니다. 대중매체의 광고에서 본 장난감을 사달라고 부모에게 떼를 쓴 아이들은, 또래 친구들과 놀 때 그 장난감으로 우쭐거리고 자랑해요.

부모들은 자기 아이가 다른 아이들 사이에서 소외감을 느끼거나 따돌림당하지 않게 하려고 유행하는 장난감을 사줍니다. 너무 바빠서 아이와 보낼 시간이 적은 부모는 그런 데에 남보다 돈을 넉넉하게 쓰면서 아이를 위해 노력했다는 안도감을 갖기도 해요.

그런데 사실 아이들은 그런 장난감을 통해 상상력을 키우는 것이 아니라 오히려 상상력이 쪼그라드는 것입니다. 내가 만든 장난감은 나의 상상력이 실체를 갖고 나타난 것이겠지요? 그렇다면 상업적으로 만들어진 장난감은 그것을 만든 사람의 상상력이 현실에 나타난 것입니다. 그래서 제작자의 의도대로 놀 수밖에 없어요. 그런 놀이에서 어떻게 자유로운 상상력이 자랄까요?

바깥에 나가서 소꿉장난을 하면 조개껍질은 그릇이 되고, 나뭇가지는 숟가락이 됩니다. 벽돌가루는 고춧가루가 되고, 돌로 짓이긴 나뭇잎은 소금에 절인 배추가 되고요. 그렇게 상상력을 펼치고 그것을 구체화하는 작업이 끊임없이 벌어집니다.

그런데 이미 만들어진 플라스틱 부엌놀이 장난감으로 노는 아이들에게서 어떤 상상력이 펼쳐질까요? 아이들에겐 이미 제작자로서의 역할은 없어져버렸고, 장난감 제작자들이 바라는 방향으로 놀이하는 일만 남게 됩니다.

호모 에코노미쿠스는 21세기 놀이의 시대에 호모 루덴스들을 장난감으로 유혹합니다. 허위도 섞어 과장한 광고를 통해, 다른 아이들이 전부 가지고 있으니 너도 가져야 따돌림당하지 않을 것이라는 협박도 잊지 않고요. 그 결과 아이들은 자신이 정말로 그 장난감을 갖고 싶은지 아닌지 제대로 판단하지 못하고 부모에게 사달라고 떼쓰고, 그것을 가지게 되어도 잠시 동안만 기뻐하며 갖고 놀다가, 금방 그 존재 자체를 잊어버리고 호모 에코노미쿠스가 권하는 다른 장난감에 정신이 팔려 다시 조르는 과정을 반복하게 됩니다[29].

부모들은 집에 쌓이는 장난감 때문에 정리할 바구니를 사고, 아이가 장난감에 표시된 '적정 연령'보다 자라면 그 장난감을 버리고 또 새로운 장난감을 삽니다.

하지만, 공깃돌로 놀 때 연령에 따라 다른 공깃돌이 필요한가요? 어리면 노는 방법이 단순하고, 조금 더 나이를 먹으면 노는 방법이 보다 정교해질 뿐입니다. 문제는 장난감의 수준이 아니라, 가지고 노는 사람이 창조하는 놀이 방법이지요.

여러분은 생일이나 어린이날에 비싼 장난감을 선물받은 경험이 있나요? 그것이 오래전부터 갖고 싶어 하던 내 취향에 맞는 장난감일 때도 있었겠지만, 잠깐 욕심이 났을 뿐이거나 부모님이 광고를 보고 사다주신 장난감일 때도 있었겠지요. 그런 장난감은 별로 갖고 놀지 않다가 먼지만 쌓여요. 놀이의 중요한 요소는 자유로운 의사이니까요.

우리는 정말 그 비싼 장난감이 필요한가요? 혹시 그저 호모 에코노미쿠스의 수작에 넘어간 것은 아닐까요? 지금 누가 승리한 것 같은가요?

....
29. 데이비드 엘킨드 지음, 이주혜 옮김, 『놀이의 힘』, 한스미디어, 2008, 32-45쪽

놀이가 우리를
자유롭게 하리라

요즘 서점에는 심리학을 알기 쉽게 풀어낸 책이 많아요. 어쩌면 여러분도 흥미진진한 제목이나 예쁜 표지에 끌려 들여다본 적이 있을지도 모르겠네요. 예를 들어 인간관계에 고민이 있는 사람에게, 『미움받을 용기』 같은 책은 제목만으로도 축 처진 어깨에 조금 힘을 불어넣어 줍니다.

인간이란 어떤 존재인가를 밝히는 학문이 심리학입니다. 그러면 어째서 인간관계를 고민하는 사람들은 사람들의 보편적 심리를 알고 싶어 할까요?

홍상수 감독의 영화 《클레어의 카메라》에서 프랑스의 음악 교사 클레어는 카메라를 들고 다니며 인물들을 찍는데, 영화는 클레어가 사진을 찍기 전과 찍은 후에 대상이 서로 완전히 다른 느낌으로 다가온다는 것을 그려냅니다.

등장인물들이 클레어의 사진에 찍히기 전과 찍힌 후에 보이는 결

모습과 내면은 어째서 서로 다를까요? 아무런 관계도 없던 사이였다가, 사진을 찍으며 알게 되어 관계를 갖게 되며 관점이 달라지는 것일 수도 있겠지요. 어쩌면 모르는 사이에는 안 보이거나 관심이 없던 점을, 아는 사이가 되면서 관심을 갖고 이해하게 되기 때문일 수도 있겠네요. 혹시 사진 속 피사체가 모르는 사람 앞에서 하는 행동과 아는 사람 앞에서 하는 행동이 달라서일 수도 있습니다.

이처럼 대상을 '알게 되면' 그에 대해 가진 감정은 바뀔 수 있습니다. 아마 그래서 우리는 심리학을 통해 인간을 알고 싶어 하는 것이겠지요.

| 나는 사회에 속한다, 고로 존재한다 |

교사인 저는 여러 심리학자의 이론을 배웠지만, 그중에서도 레프 비고츠키를 알게 되었을 때의 기쁨을 잊을 수 없어요. 비고츠키라는 구 소련[30]의 심리학자를 만났을 때, 저는 드디어 심리학을 교실로 제대로 들여올 수 있었습니다.

그는 인간을 진공 속에 던져진 개인이 아니라, '문화에 둘러싸인 관계' 속의 개인이라고 보았습니다. 조금 어려운 이야기지요? 쉽게

....
30. 소련 : '소비에트 사회주의 공화국 연방'의 줄임말로, 1917년 생겼던 최초의 사회주의 국가. 옛 제정 러시아 대부분과 우크라이나를 비롯한 15개의 공화국으로 이루어진 연방이었으나 1991년 사회주의가 붕괴되며 해체됨

풀어볼게요.

여러분이나 여러분의 친구 중에는 개를 키우는 사람이 있을 거예요. 하지만 그 사람이 조선시대에 살았다면 지금처럼 개를 안고 다니고, 방 안에서 키우고, 동물병원에 데려가고, 개 전용 간식을 살 수 있었을까요? 아니, 그 전에 개를 집 지키는 가축이 아니라, 귀여워하기만 할 애완동물이나 평생을 함께 살아갈 반려동물로 대우할 생각이 들었을까요?

방금 든 예시는 문명이 발달하면 동물도 나름의 권리를 갖고 보호받게 되나, 덜 발전된 사회는 그렇지 못하다는 식의 비교를 하려는 것이 아닙니다. 인도가 가장 문명이 발전했기 때문에 소를 신성하게 여겼던 것은 아니잖아요? 제가 말하려는 바는 즉, 개인은 사회라는 관계 속에서 생각하고 말하고 행동하게 된다는 것입니다.

사람의 본성 역시 본래 타고나는 것이 아니라, 자신과 다른 사람과의 관계 속에서 다양한 사회 문화적 실천과 이미 만들어진 인공물을 통해 빚어진다고 합니다. 그것이 비고츠키가 사람을 바라보는 관점이에요[31].

제가 지금 이 글을 쓰는 것도 순전히 저 혼자의 창의적 활동으로만 이루어진 것이 아닙니다. 우선 세종대왕이 만든 한글이 있었고, 저에게 문장을 쓸 수 있는 능력을 길러준 학교 제도가 있었으며, 학교에서 저를 가르친 선생님들이 있었고, 글에서 인용한 책들을 쓴

....

31. 박동섭 지음, 『비고츠키, 불협화음의 미학』, 에듀니티, 2013, 196-200쪽

동서양의 여러 학자들이 있었으며, 그 책을 한국어로 해석한 번역자도 있었고, 그 책을 출판한 회사가 있었고…. 이렇게 과거와 현재의 사람과 사회, 역사, 문화, 문물이 있었던 덕분에 제가 이렇게 글을 쓰게 되었답니다.

그렇다면 저는 누구일까요? 저 하나만 존재한다고 해도 저는 온전히 저 자신일 수 있을까요?

여러분은 어떤가요? 여러분에게 누군가가 "너는 누구인가? 너 자신만으로도 존재할 수 있는, 유일한 것을 말하라."라고 물었을 때, 자신의 이름 외에 어떤 답변이 가능할까요?

제가 한번 그 질문에 답해보겠습니다. 저는 중학교 교사이고, 자식을 둔 어머니이고, 대한민국의 국민이고, 경기도 시흥에 삽니다. 하지만 이런 특성을 지닌 사람은 저 외에도 존재하겠지요? 그리고 다른 국민들이나 제가 가르칠 학생들이 전부 사라진다면, 대한민국이라는 개념이나 교사라는 직업이 여전히 존재할까요?

제 성격은 명랑하고 쾌활하지만, 이것은 남들과 비교할 때의 특성입니다. 저는 개를 키우지만, 사람들이 개 대신 뱀을 흔히 키웠다면 저도 뱀을 키웠을 것 같아요. 그러니 이 역시 저 자신만의 특성이라고는 할 수 없습니다. 심지어 제 이름조차도 스스로 지은 것이 아니라, 아버지의 친구가 지어준 이름을 부모님이 선택하여 생긴 거예요.

다른 사람과 관계 맺지 않고서는 그 어떤 것으로도 자신을 설명할 수 없습니다. 그렇기 때문에 사회·역사적 관계 속에서 우리 자신이 존재하는 것이고요.

| 놀이하는 나는 미래 지킴이 |

그렇다면 우리는 어떻게 살아야 자기 자신을 잃지 않고 살 수 있을까요?

지금까지 해온 이야기의 마무리를 지을 때가 되었습니다. 호모 루덴스로 사는 것, 바로 인간다움을 잃지 않고 살아가는 것입니다.

인류를 일컫는 말인 '생각하는 인간(호모 사피엔스)'은 인간의 특징을 가리킵니다. 앙리 베르그송이 말한 '도구를 사용하는 인간(호모 파베르)'도 인간의 특징을 이야기하고요. 하위징아가 말한 '놀이하는 인간(호모 루덴스)' 역시 인간의 특징을 짚고 있습니다.

미래학자들의 주장에 따르면, 앞으로 이 세상은 인간의 창의력이 더 필요해질 것입니다. 놀이는 로봇이 하지 못하는 영역인 '재미를 찾아 즐기는 것'을 가능하게 합니다. 그러므로 자유롭게 생각하며 놀이하는 인간이야말로 미래 사회를 즐길 수 있는 인간 아닐까요?

그런데 여기서 잠시 고민해야 할 점이 있습니다. 내가 즐기면서 창의적으로 하는 이 생각은 진정한 나의 자유의사일까요? 그래서 내가 놀이하듯이 자유롭게, 자발적으로 참여한 것인가요? 아니면 사회적으로 주입된 생각인가요? 만일 그렇다면 그것을 의도한 사회적 집단은 누구이며, 무슨 목적일까요?

우리는 끊임없이 그것을 고민하고 생각해야 합니다. 그렇지 않으면 스스로의 의도라는 착각 속에서, 남의 의도만 충실히 수행하는 꼭두각시가 될지도 몰라요.

바로 이것이 놀이하는 인간의 힘입니다. 우리 인간들을 끝없는 노동과 소비로 끌어가려는 음흉한 자본에 대항할 수 있는 힘이요. 이 힘을 통해 우리는 스스로의 의지가 만든 행복으로 자신의 삶을 채울 수 있을 겁니다. 그런 사람들이 만들어내는 사회적 관계는, 그 속의 개개인들의 삶에 여유와 풍요로움을 더하겠지요.

고대 로마의 정치가 키케로는 『국가론』에서 "권력이나 자본은 거대해지려는 속성이 있기 때문에 끊임없이 분산시켜야 한다."라고 말했습니다. 하지만 시대의 흐름으로 보아, 세계화가 점점 진행되는 현재나 미래에 국가 권력이 더욱 거대해져서 인간을 억누르는 상황은 오기 힘들어 보입니다.

그러나 세계화를 맞이한 자본은 앞으로 더더욱 다양한 모습으로 변화하고 발전하여 끊임없이 거대해지려고 하고, 그 힘으로 인간을 이용해 더욱 세력을 키울 것입니다. 호모 루덴스들이 놀이 정신을 잃어버리는 순간, 자본은 호모 루덴스를 그 희생양으로 삼아 사회를 삼켜버릴 테지요.

저는 호모 루덴스로서 호모 루덴스들에게 명심하도록 요구하겠습니다. 호모 루덴스들이어! 우리가 우리의 놀이 정신을 지키고 살아가야만 이 세상은 즐겁게 살 만한 곳이 될 수 있을 것입니다!

자, 그러면 마지막으로 묻겠습니다. 여러분은 호모 루덴스가 되고 싶나요, 호모 에코노미쿠스가 되고 싶나요?

"야민정음"

여러분은 아마 SNS에서 인기 있는 귀여운 강아지 사진과 함께 '#댕댕이', '#커여워' 같은 해시태그를 본 적 있을 거예요. 무슨 뜻일까요? '댕댕이'는 '멍멍이', '커여워'는 '귀여워'라는 뜻입니다.

왜 그렇게 될까요? 글자 모양을 자세히 보면 바로 알 수 있어요. 'ㄷ'과 'ㅐ'를 함께 쓰면 'ㅁ'과 'ㅓ'를 함께 쓴 것과 모양이 비슷하거든요. 이처럼 기존에 존재하는 단어의 한글 자음과 모음을 모양이 비슷한 것으로 바꾸어 단어를 다르게 표기하는 인터넷 밈(Meme)을 '야민정음'이라고 합니다. 글자를 회전하거나('눈물'→'룸곡'), 두 글자를 한 글자로 압축하는 ('부부'→'쀼') 등 만드는 법도 다양해요.

사진에 한정되지 않고 여러 주제를 다루는 대형 커뮤니티가 된 DC인사이드의 '국내야구 갤러리'에서 시작되었기에 '야'라는 글자를 따와 '훈민정음'과 합친 것이에요. 이제 야민정음은 일상에서도 활발히 쓰이며, '댕댕이'는 TV광고에까지 등장했습니다.

자음과 모음을 겹치는 한글의 독특한 조합방식을 반영해서, 언어를 변형해 즐거움을 느끼는 언어 놀이인 야민정음. 개인의 말장난으로 시작해 광고에 등장할 정도로 사회성을 얻은 이 놀이는 누구나 금방 알아차릴 정도로 쉽지도 않고 아무도 눈치챌 수 없을 만큼 어렵지도 않습니다. 그래서 국어학계에서는 전 세세에 예로부터 존재하던 말놀이인 '수수께끼'와 본질적으로 비슷하다고 보는 시각도 있어요.

참고자료

▪ 단행본

J. 하위징아 지음, 김윤수 옮김, 『호모 루덴스』, 까치, 1998

권터 벨치히 지음, 엄양선·베버 남순 옮김, 『놀이터 생각』, 소나무, 2015

미하이 칙센트미하이 지음, 최인수 옮김, 『몰입 flow』, 한울림, 2004

데이비드 엘킨드 지음, 이주혜 옮김, 『놀이의 힘』, 한스미디어, 2008

프랭크 앤드류스 지음, 구승준 옮김, 『사랑의 연습』, 한문화, 2009

자크 라캉 지음, 홍준기 외 옮김, 『에크리』, 새물결, 2019

박용우 지음, 『음식중독』, 김영사, 2014

매일경제 편, 『2002 경제신어사전』, 매일경제신문사, 2001

존 레이티·에릭 헤이거먼 지음, 이상헌 옮김, 『운동화 신은 뇌』, 녹색지팡이, 2009

로제 카이와 지음, 이상률 옮김, 『놀이와 인간』, 문예출판사, 2002

노르베르트 볼츠 지음, 윤종석 외 옮김, 『놀이하는 인간』, 문예출판사, 2017

오욱환 지음, 『사회자본의 교육적 해석과 활용』, 교육과학사, 2013

박홍규 지음, 『세상을 바꾼 자본』, 다른, 2011

프랑수와즈 사강 지음, 이정주 옮김, 『거꾸로 읽는 개미와 베짱이』, 국민서관, 2013

김성은 지음, 막스 베버 원저, 『근대인의 탄생』, 아이세움, 2011

유범상 지음, 『이기적인 착한 사람의 탄생』, 학교도서관저널, 2018

이몬 버틀러 지음, 이성규 옮김, 『(읽기 쉬운) 국부론 요약』, 율곡, 2015

애덤 스미스 지음, 유인호 옮김, 『국부론』, 동서문화사, 2017

미하이 칙센트미하이 지음, 이삼출 옮김, 『몰입의 기술』, 더불어책, 2003

리처드 J. 번스타인 지음, 김선욱 옮김, 『우리는 왜 한나 아렌트를 읽는가』, 한길사, 2018

김재춘·배지현 지음, 『들뢰즈와 교육』, 학이시습, 2016

유발 하라리 지음, 조현욱 옮김, 『사피엔스』, 김영사, 2015

클라우스 슈밥 지음, 송경진 옮김, 『클라우스 슈밥의 제4차 산업혁명』, 메가스터디북스, 2016

조벽 지음, 『조벽 교수의 인재 혁명』, 해냄, 2010

이민화 지음, 『협력하는 괴짜』, 시그니처, 2017

박호순 지음, 『알고 보면 재미있는 우리 민속의 유래2』, 비엠케이, 2016

도유호 외 지음, 주강현 해제, 『북한 학자가 쓴 조선의 민속놀이』, 푸른숲, 1999

문재현 외 지음, 『왕따, 이렇게 해결할 수 있다』, 살림터, 2012

데이비드 이글먼 지음, 전대호 옮김, 『더 브레인』, 해나무, 2017

정이비 지음, 『마리아 몬테소리 관찰의 즐거움』, 한울림, 2014

박동섭 지음, 『비고츠키, 불협화음의 미학』, 에듀니티, 2013

김진수 외 지음, 『중학교 사회① 교과서』, 미래엔, 2019

김형숙 외 지음, 『중학교 미술② 교과서』, ㈜교학도서, 2017

이춘식 외 지음, 『중학교 기술 가정 교과서』, 천재, 2017

주대창 외 지음, 『중학교 음악 교과서』, 비상교육, 2017

■ 보고서

연세대 사회발전연구소 염유식 교수팀, 「2016 제8차 어린이·청소년 행복지수 국제비교 연구」, 2016

유엔환경계획(UNEP), 「폐기물 범죄, 폐기물 위협, 폐기물 분야에서의 격차와 도전」, 2015

■ 뉴스 및 보도자료

『JTBC』, 〈욕설 배틀로 전락한 힙합 배틀… 음악 팬들은 '불편해'〉, 2013.08.26

『중부일보』, 〈'토론 배틀', '국회의장배 고교토론왕 시즌7' 개최〉, 2019.08.25

『조선비즈』, 〈기업 경영 전략 수립 최전방에서 수학이 활약할 것〉, 2020.04.01

『이데일리』, 〈[머니+] 대학생 48.6% "진로 아직 못 정했다"〉, 2019.08.16

『강원도민일보』, 〈[수요광장] 기울어진 운동장 해결책, 강원특별자치도〉, 2018.08.14

『서울신문』, 〈트럼프, 대입 소수인종 우대 철폐… '실력대로' 하면 한국인에 유리?〉, 2018.07.04

『한국일보』, 〈봉준호 감독의 '귀여운 자화상', 그림 실력 비결은?〉, 2020.01.16

『세계일보』, 〈"여성가족부 폐지" 뜨거운 찬반 논란 [어떻게 생각하십니까]〉, 2020.8.11

『한국경제매거진』, 〈[Editor's note] 이코노믹 애니멀의 숙명〉, 2011.03.31

『연합뉴스』, 〈한국 어린이·청소년 행복지수 OECD 꼴찌〉, 2016.05.02

『연합뉴스』, 〈아동·청소년 행복수준 여전히 OECD 최하위권〉, 2019.08.27

『경향신문』, 〈한국의 아이들 "우린 행복하고 싶어요"〉, 2010.05.05

『경향신문』, 〈[오래 전 '이날'] 10년 전 한국 어린이 '삶의 만족도' 최하위… 지금은?〉, 2020.05.05

『시사주간』, 〈분리형 배터리 스마트폰 종적 감춘 이유〉, 2018.11.22

『미디어펜』, 〈4차 산업혁명 쓰나미… 우리 노사관계는 아직 1차 산업혁명기?〉, 2018.02.03

『서울신문』, 〈"엄마, 임대 살면 거지야?" 아이에게 집이 놀림거리가 됐습니다〉, 2020.01.27

『경향신문』, 〈쓰레기로 잇던 삶, 그마저도 앗아간 쓰레기더미〉, 2017.03.13

『시사위크』, 〈AI, '예술'의 영역을 정복할 수 있을까〉, 2020.09.07

『뉴시스』, 〈추석연휴 박물관에서 송편 빚고 강강술래〉, 2019.09.11

『경향신문』, 〈[설 특집] 설 놀이하다 사람들 다치고 죽어… 왜?〉, 2013.02.03

SBS, 〈[스브스스토리] 우리에게 퉁키의 DNA가 있다?… '피구왕 조상님'〉, 2016.02.28

『경향신문』, 〈고구려 각저총에 새긴 '씨름' 유네스코 유산의 향기 [이기환의 흔적의 역사]〉, 2018.11.01

강석기, 〈왕따, 시키는 사람도 당하는 사람만큼 아프다〉, 인터넷서점 YES24 웹진 『채널예스』, 2014.04.22

『조선일보』, 〈화려한 조명이 감싸는 1일7깡… '밈'도 유효기간이 있다는데〉, 2020.06.06

『매일경제』, 〈이모티콘보다 더 생생한 짤방 "부장님 호출? 재촉 말라 전해라~"〉, 2015.12.21

『서울신문』, 〈5년 새 5배 '폭풍 성장'… 35살 이모티콘의 인생〉, 2017.07.28

『한겨레』, 〈롬곡롬곡·댕댕이·띵곡… '야민정음' 아세요〉, 2017.10.08

『조선일보』, 〈띵작, 커엽다, 뮴사발… 한글의 즐거운 파괴 '야민정음'〉, 2020.01.16

▪ 영화

《액트 오브 킬링(The Act of Killing)》, 조슈아 오펜하이머 감독, 2012

《미이라(The Mummy)》, 스티븐 소머즈 감독, 1999

《타이타닉(Titanic)》, 제임스 카메론 감독, 1997

《인생은 아름다워(Life Is Beautiful)》, 로베르토 베니니 감독, 1998

《컨테이젼(Contagion)》, 스티븐 소더버그 감독, 2011

《클레어의 카메라》, 홍상수 감독, 2016

▪ 기타 사이트

다음 카페 '라틴어 포털 : 라틴어의 모든 것'

http://cafe.daum.net/latinaanglicaque

위키피디아

http://ko.wikipedia.org

다음 백과

http://100.daum.net

한국민족문화대백과사전

http://encykorea.aks.ac.kr

천재학습백과

http://koc.chunjae.co.kr

네이버 지식백과

http://terms.naver.com

인문학적 관점에서 생각하고 판단하는 힘!
가치융합, 사회통합을 지향하는

맘에드림 생각하는 청소년 시리즈

공간의 인문학 학교도서관저널 추천도서

한현미 지음 / 값 12,000원

이 책은 청소년들이 공간을 창조하는 행위인 건축에 대해 자신의 삶과
연관 지어 인문학적 성찰을 할 수 있도록 쓰였다. 이 책을 통해 인간의
삶에 행복을 주는 것은 값비싸고 화려하고 멋져보이는 공간이 아니라
견고하고 유용하며 아름다운 공간이라는 것을 이해할 수 있을 것이다.

십대들을 위한 생각연습 학교도서관저널 추천도서

정좀삼·박상욱 지음 / 값 12,000원

이 책은 청소년들이 스스로를 더 깊이 있게 이해하고, 아울러 자신에게
있어 타인, 사회, 국가, 세계사 어떤 의미를 갖는지 생각해보는 데
도움을 준다. 이를 통해 모두가 함께 잘 살 수 있는 세상은 어떤
세상인지 진지하게 고민해볼 수 있다면 우리 사회의 미래도 분명
따뜻하고 희망적일 것이다.

모두, 함께, 잘, 산다는 것 행복한 아침독서 추천도서

김익록·박인범·윤혜정·임세은
주수원·홍태숙 지음 / 값 10,000원

이 책은 청소년들에게 사회적 경제를 쉽고 재미나게 전달하기 위해
만들어졌다. 사회적 경제에 대한 호기심을 이끌어내는 것에서 시작해서
무엇보다 청소년들이 일상 속에서 직접 실천해볼 수 있는 여러가지
활동들을 제시한다. 이를 통해 모두, 함께, 잘, 산다는 것의 진짜 의미를
깨닫게 될 것이다.

십대들을 위한 맛있는 인문학 학교도서관저널 추천도서

정정희 지음 / 값 12,000원

이 책은 과거와 현대의 다양한 먹거리와 그 속에 담긴 이야기들을
전한다. 저자는 청소년들이 좋은 음식의 의미를 생각해보고, 현대사회의
고장난 먹거리체계에 관심을 기울이기를 바란다. 나아가 그러한
문제의식을 바탕으로 좋은 먹거리가 더 많이 생산될 수 있도록 하는 데
작은 힘이나마 보탤 수 있기를 바란다.

지리는 어떻게 세상을 움직이는가? 학교도서관저널 추천도서
전국지리교사모임 추천도서

옥성일 지음 / 값 13,500원

미래 사회의 주역인 우리 청소년들에게는 한반도와 동북아를 뛰어넘어
한층 더 넓은 시야로 세계를 바라보면서 국제 질서를 냉철하게 분석할
수 있는 능력이 요구된다. 이 책은 글로벌 시대에 꼭 필요한 냉철한
시각과 분석력을 키워줌은 물론 우물 안 개구리의 사고방식에서 벗어나
한층 넓은 시야를 가질 수 있게 도와줄 것이다.

쉬는 시간에 읽는 젠더 이야기

김선광·이수영 지음 / 값 12,000원

청소년은 건강한 비판정신을 바탕으로 사회문제에 관해 치열하게
논쟁할 수 있어야 한다. 이는 앞으로 그들이 더 나은 삶을 살아가고, 이
사회의 민주주의가 성숙해지는 데 밑거름이 될 것이다. 필자들은 이
책을 통해서 청소년들이 성 차별과 혐오, 페미니즘에 대한 왜곡 등에
대해 건강한 논쟁을 시작할 수 있는 기회를 마련해준다.

폭염의 시대 학교도서관저널 추천도서

주수원 지음 / 값 10,000원

기후변화는 단지 기후 문제일까? 저자는 기후변화, 나아가 기후위기의
시대를 살아가는 오늘날의 청소년들에게 기후변화의 실태와
사회문제로 이어지는 기후변화의 심각성을 이야기한다. 이 책은
폭염시대를 살아가는 청소년들의 의식을 한층 성장시킬 뿐만 아니라,
타인의 아픔에도 귀 기울일 줄 아는 성숙한 시민으로 성장하는 데 분명
도움을 줄 것이다.

경제를 읽는 쿨한 지리 이야기 학교도서관저널 추천도서
책따세 추천도서

성정원 지음 / 값 13,500원

지리의 눈으로 세상 구석구석을 살펴보는데, 특히 경제에 초점을
맞추었다. 그저 달달 외우기 바쁜 지루한 암기과목으로서의 지리가
아니라, 지리의 각 요인과 경제 사이의 역동적 상호작용이 만들어낸
흥미진진한 결과들을 살펴봄으로써 자연스럽게 경제를 이해하고
나아가 세상을 바라보는 새로운 눈을 뜨게 될 것이다.

방구석에서 읽는 수상한 미술 이야기

박홍순 지음 / 값 14,000원

미술작품에 투영된 현대사회의 여러 모순들을 발견하고, 이를 해결할
방법을 함께 찾고자 한다. 공정과 평등에 관한 문제부터 다양한 중독
현상, 유명세와 행복, 불확실성과 함께 현대인을 덮친 불안과 공포, 함께
잘살기 위한 방안 등에 관한 즐거운 티키타카 속에서 미술작품은 물론
세상을 바라보는 새로운 눈을 뜨게 될 것이다.

십대들을 위한 꽤 쓸모 있는 과학책

오미진 지음 / 14,000원

이제 과학은 우리의 평범한 일상생활 속으로 깊이 파고들었다. 이에 이
책은 우리의 일상과 떼려야 뗄 수 없는 다양한 주제의 과학 이야기들을
다룬다. 아는 것이 힘이라고 했다. 일상에 숨은 과학 개념과 원리를
이해하는 과정에서 뭐든 무심히 지나치기보다 한층 예리하게 바라볼 수
있는 눈과 냉철한 판단력을 돕는 과학적 사고를 키워갈 것이다.

....

독자 여러분의 소중한 원고를 기다립니다

맘에드림 출판사는 독자 여러분의 소중한 원고를 기다리고
있습니다. 원고가 있으신 분은 momdreampub@naver.com으로
원고의 간단한 소개와 연락처를 보내주시면 빠른 시간에 검토해
연락을 드리겠습니다.

....